Amor, Sempre Amor!

Richard Simonetti

Amor, Sempre Amor!

Dados Internacionais de Catalogação na Publicação (CIP)
(Câmara Brasileira do Livro, SP, Brasil)

```
Simonetti, Richard,-
    Amor, sempre amor! /
Richard Simonetti, - Bauru, SP : CEAC, 2010.
208p.  ;  21 cm


    1. Poesia brasileira I. Título
```

10-08782   CDD-869.91

```
        Índices para catálogo sistemático:
    1. Poesia : Literatura brasileira 869.91
```

Projeto gráfico:
Júnior Custódio

Capa:
Renato Leandro de Oliveira
Maria Amélia Bittencourt

5ª edição - Setembro de 2014 - 1.000 exemplares

21.001 a 22.000

Copyright 2010 by Centro Espírita Amor e Caridade
Bauru - SP

Edição e distribuição

Rua 7 de Setembro, 8-56 • Fone/Fax (14) 3227-0618
CEP 17015-031 - Bauru - SP
e-mail: editoraceac@ceac.org.br
site: www.ceac.org.br

O Espírito precisa ser cultivado, como um campo.

Toda a riqueza futura depende do labor atual, que vos granjeará muito mais do que bens terrenos – a elevação gloriosa.

É então que, compreendendo a lei de amor que liga todos os seres, buscareis nela os gozos suavíssimos da alma, prelúdios das alegrias celestes.

Lázaro, em *O Evangelho segundo o Espiritismo,* capítulo XI.

Sumário

Amorosamente 13

O amor feliz *15*

O amor negligenciado *27*

O amor que converte *39*

O amor no cotidiano *53*

O amor que desbloqueia *65*

O amor que protege *77*

O amor no país dos sonhos *87*

O amor que renova *99*

O amor do meio *111*

O amor equivocado *121*

O amor de verdade *131*

O amor que presenteia *139*

O amor por malandragem *149*

O amor em teste *159*

O amor que intercede *171*

O amor de olhos abertos *181*

O amor sempre *193*

Amorosamente

Os poetas situam o amor como suprema realização humana, mas advertem que amar é sofrer, experimentar dúvidas, amarguras, decepções...

É que interpretam mal o amor, observando-o em sua manifestação elementar, com sua carga de erotismo e anseio de comunhão carnal, no incêndio da paixão.

Amor não é isso, ou apenas isso.

Trata-se de uma energia divina, o poder criador que identifica nossa condição de filhos de Deus, participantes na obra da Criação.

Para os seres primitivos que vivem na Terra, o amor está intimamente relacionado com a procriação, um recurso da Natureza em favor da perpetuação das espécies. Amor possessivo, monopolizador, ciumento, a gerar atritos, decepções, traições, desenganos, desilusões e sofrimento.

À medida que o Espírito evolui, sublima-se a energia divina, direcionada agora para as realizações supremas no campo da Arte, do Bem, da Verdade...

Esse amor jamais se decepciona com as pessoas, jamais cultiva sentimentos de posse, nem é refém do ciúme, porquanto sua sustentação não está no que recebe, mas no que dá; não no que exige, mas no que oferece, harmonizando-se com os ritmos do Universo, na comunhão com as Fontes da Vida.

Nestas páginas, algumas reflexões sobre o amor, envolvendo vários aspectos da existência humana, tendo por base O Evangelho segundo o Espiritismo, *essa carta de Divina Sabedoria em que Kardec comenta a carta do Amor Divino entregue por Jesus, o celeste mensageiro.*

É amorosamente que as ofereço a você, leitor amigo, para momentos de reflexão sobre as excelências do amor sonhado, procurado, sentido e, sobretudo, vivenciado, em favor de uma existência tranquila e feliz.

Bauru, maio de 2010.

richardsimonetti@uol.com.br
www.richardsimonetti.com.br

O amor feliz

Pouco antes de deitar-se, a sós no escritório, em sua casa, Onofre lia *O Evangelho segundo o Espiritismo*.

No capítulo XI, deteve-se em oportunos comentários de Allan Kardec:

"Amar o próximo como a si mesmo; fazer pelos outros o que quereríamos que os outros fizessem por nós" é a expressão mais completa da caridade, porque resume todos os deveres do homem para com o próximo.

Não podemos encontrar guia mais seguro, a tal respeito, que tomar para padrão, do que devemos fazer aos outros, aquilo que para nós desejamos.

Com que direito exigiríamos dos nossos semelhantes melhor proceder, mais indulgência, mais benevolência e devotamento para conosco, do que os temos para com eles?

A prática dessas máximas tende à destruição do egoísmo.

Quando as adotarem para regra de conduta e para base de suas instituições, os homens compreenderão a verdadeira fraternidade e farão que entre eles reinem a paz e a justiça. Não mais haverá ódios, nem dissensões, mas, tão-somente, união, concórdia e benevolência mútua.

Onofre pôs-se a imaginar como a Humanidade seria feliz se a Lei de Amor fosse plenamente observada.

A Terra estaria promovida a paraíso.

Coletivamente, longe estava essa meta celeste.

Individualmente, nada o impedia de alcançá-la.

Decidiu enfrentar o desafio de amar o próximo como a si mesmo e fazer por ele o que gostaria de receber.

No quarto, beijou, carinhoso, a esposa já acomodada no leito, dizendo que a amava e desejando-lhe um sono tranquilo.

Joana endereçou-lhe desconfiado olhar.

16 · Amor, Sempre Amor!

O que teria aprontado o marido? Aquela manifestação inusitada de carinho cheirava dor de consciência...

– Há algo que você queira dizer-me, Onofre?

– Não, querida, apenas exprimi meu desejo de que você sonhe com os anjos.

Querida! – espantou-se a esposa, ante a súbita afetividade do marido.

Não obstante, aconchegou-se a ele e dormiu feliz.

***

Pela manhã, na sala de refeições, Joana avisou:

– Espere um pouco, meu bem. A Maria está atrasada. Irei à padaria buscar os pães.

Ele se adiantou:

– Pode deixar querida. Vou rapidinho...

Joana conteve o impulso de colocar a mão em sua testa, a ver se súbita febre fundira-lhe os miolos. Não estava habituada à colaboração do marido nos contratempos do cotidiano.

Ganhando a rua, Onofre foi abordado por um homem de aparência humilde, expressão sofrida.

– Por favor, senhor...

Cortou a conversa.

– Sinto muito. Estou com pressa!

Mal dera alguns passos e logo a consciência cobrou o cumprimento de sua resolução na véspera:

O que gostaria que fizessem por ele se tentasse falar com alguém?

Voltou disposto a ouvir o desconhecido.

– Perdoe incomodá-lo. É vergonhoso, bem sei! Nunca aconteceu comigo, mas minha situação é desesperadora! Estou desempregado há um ano. Tenho quatro filhos pequenos, esposa doente e não há o que comer em casa!

Com a intuição dos que se compadecem, sintonizando com os bons Espíritos, Onofre convenceu-se de que falava a verdade.

– Acompanhe-me, por favor.

Na padaria, providenciou para ele pães, margarina, queijo e vários litros de leite, incluindo algum dinheiro.

O pobre homem, em lágrimas, agradeceu:

– Deus lhe pague! O senhor salvou-me a vida! As pessoas me tratam como se eu fosse um bandido. Ando desesperado! Cheguei a pensar em me matar! Agora sinto que nem tudo está perdido. Há gente boa neste mundo!

Conhecedor do assunto, Onofre afirmou, enfático:

– Pelo amor de Deus, jamais permita que essa ideia malfazeja o envolva! É saltar da frigideira para o fogo!

18 · Amor, Sempre Amor!

Passou-lhe algumas informações sobre as consequências funestas do suicídio e lhe deu o endereço do Centro Espírita que frequentava, prometendo que ali teria o apoio de que carecia.

De retorno ao lar, Joana estranhou sua demora.

– É que encontrei um infeliz a pedir auxílio. Desempregado, família numerosa, situação desesperadora. Levei-o à padaria e lhe entreguei provisões. O pior é que andou pensando em suicídio! Incrível como a gente não tem noção do que se passa na cabeça das pessoas!

– Conversou com ele?

– Sim, já o orientei e lhe dei o endereço do Centro.

Pouco depois, Onofre partia. Joana ficou a cismar:

Decididamente, o marido estava mudado. Parecia outra pessoa... Certamente algum bicho o mordera. Abençoado bicho, que injetara solidariedade e atenção em suas veias!

***

No trânsito, motorista imprudente cortou-lhe a frente.

Reflexo rápido, Onofre brecou incontinente, enquanto o autor da proeza o xingava em altos brados, como se não fosse ele próprio o culpado.

Sentiu o sangue subir à cabeça e teve ganas de retrucar no mesmo diapasão, com meia dúzia de palavrões e o impertinente *vá para o diabo que o carregue!*

Antes que o fizesse, veio a lembrança:

Amar o próximo como a si mesmo; fazer pelos outros o que quereríamos que os outros fizessem por nós.

A recomendação de Jesus refrescou-lhe o cérebro, contendo o impulso agressivo.

E se o motorista imprudente estivesse com grave problema a perturbá-lo? Talvez um familiar gravemente enfermo... De qualquer forma, era um irmão comprometido naquele momento com o desatino.

Melhor orar do que amaldiçoar, considerou sabiamente.

***

Ligando o rádio, ouviu o noticiário. Crime tenebroso mobilizava a opinião pública. Uma multidão cercava a residência do assassino! Falava-se em linchamento! Ele deveria pagar com a vida por sua crueldade!

E seria bem merecido! – concordou Onofre.

No entanto, a história de colocar-se no lugar do outro, como exemplificara Jesus, o fez pensar.

O Mestre situava aqueles que se comprometem com o mal por doentes que precisam de tratamento, não de execração.

E se o criminoso fosse um alienado, sem governo sobre suas ações? E se estivesse sob grave influência obsessiva?

Em qualquer dessas situações, seria digno de piedade.

Modificando a reação inicial, orou pela vítima e pelo algoz.

***

Tão logo entrou em sua empresa, o chefe da contabilidade veio solicitar-lhe a demissão de uma secretária.

Argumentou que fora boa funcionária, mas ultimamente mostrava-se displicente e faltava com frequência.

– Se é assim… – começou Onofre, concordando com o subordinado.

A frase ficou em suspenso, ante a lembrança de que era preciso colocar-se no lugar do outro.

Repetiu, reticente:

– Se é assim...

– Podemos dispensá-la?

–... vamos conversar com ela.

O subordinado espantou-se.

– Conversar para que, chefe? Já lhe disse que é caso para demissão!

– É funcionária antiga. Vamos ver o que está acontecendo.

Em breves momentos, ela entrava na sala.

Em lágrimas, explicou que atravessava um momento difícil. O marido a abandonara com dois filhos. Sumira no mundo! A mãe, viúva, paciente terminal, necessitava de seus cuidados. Reconhecia que seus problemas estavam afetando a atividade profissional e pedia um pouco de paciência aos seus superiores. O emprego lhe era indispensável.

Compadecido, Onofre providenciou para que ela entrasse em férias, com a promessa de que teria toda a assistência da empresa, ajudando-a em suas dificuldades.

***

Após o expediente, nosso herói dirigia o automóvel, de retorno ao lar.

O trânsito estava terrível, extremamente moroso.

Onofre, que costumava irritar-se naquela situação, surpreendentemente sentia-se calmo.

Ligou o rádio.

Alguém cantava a música famosa de Tom Jobim e Vinícius de Morais:

Vai tua vida
Teu caminho é de paz e amor
A tua vida é uma linda canção de amor
Abre os teus braços e canta
A última esperança
A esperança divina de amar em paz

Se todos fossem iguais a você
Que maravilha viver...
Uma canção pelo ar
Uma mulher a cantar
Uma cidade a cantar
A sorrir, a cantar, a pedir
A beleza de amar
Como o sol, como a flor, como a luz
Amar sem mentir, nem sofrer

Existiria a verdade
Verdade que ninguém vê
Se todos fossem no mundo iguais a você.

Onofre enxugou os olhos, emocionado.

Ah! se todos fossem iguais a Jesus, não na grandeza espiritual, que longe dela estamos, mas iguais na vivência do amor maior que ensinou e exemplificou – cuidar do próximo.

Lembrou os últimos acontecimentos.

Reconheceu que tivera um dia maravilhoso, não pela ausência de problemas, mas porque ele resolvera o problema maior – sua inadequação aos valores do Evangelho.

***

Uma característica do Espírito superior é a sua capacidade de síntese e a clareza de suas ideias.

As escolas psicológicas devassam a personalidade humana, em complicadas lucubrações, buscando traçar caminhos para a cura de transtornos da emoção e do pensamento, que infelicitam os pacientes...

A psiquiatria prescreve fortes medicamentos, que interferem na química cerebral para neutralizar disfunções que produzem desequilíbrios e perturbações...

Toneladas de tinta são usadas para a publicação de incontáveis manuais de autoajuda, em que os autores traçam extensas orientações, que pretendem sejam originais e decisivas para ensinar as pessoas a serem felizes.

No entanto, Jesus, com uma única lição, em poucas palavras, nos indica o caminho para o equilíbrio, a cura de nossos males, a conquista da felicidade: simplesmente fazer ao semelhante todo o bem que desejaríamos receber dele.

***

Analisando os males produzidos pelo homem, no passado e no presente, identificamos uma causa comum: o egoísmo.

É por pensarem muito em si mesmos que indivíduos e coletividades envolvem-se em desonestidades, desentendimentos, brigas, violências, guerras, extermínios, perpetuando sofrimentos, dores e tristezas que fazem, no somatório, a infelicidade humana.

No dia a dia, se analisarmos nossos sentimentos negativos, nossos conflitos domésticos, nossos estados depressivos, nossas enfermidades, verificaremos que a origem está no comportamento egoístico.

Em algum momento, em algum pensamento, em alguma ação, contrariamos o princípio de que devemos fazer aos outros o bem que desejaríamos nos fosse feito, e acabamos fazendo aos outros o mal que não desejaríamos para nós.

***

Jesus, com a simplicidade da sabedoria autêntica e a profundidade da verdade revelada, nos ensina como vencer a depressão, a angústia, a tristeza, os desajustes variados, as dissensões, as dificuldades de relacionamento...

Basta mudar de pessoa, na conjugação do verbo de nossas ações: da primeira pessoa do singular, eu, para a terceira, ele.

Pensar no próximo, antes de pensar em nós mesmos, cultivando a suprema felicidade de exercitar o Amor Maior.

O amor negligenciado

No princípio criou Deus os céus e a Terra.

A Terra era sem forma e vazia; havia trevas sobre a face do abismo, e o Espírito de Deus pairava sobre a face das águas.

E disse Deus: Haja luz. E a luz se fez.

Viu Deus que a luz era boa, e fez separação entre a luz e as trevas.

E chamou Deus à luz, dia, e às trevas, noite. E houve tarde e manhã – o primeiro dia.

Este é o início do livro *Gênesis* (1:1-5), na *Bíblia,* que descreve a criação do Universo.

A partir daí, em sucessivos dias, Jeová fez tudo o mais, culminando com a criação de Eva que, segundo as más línguas, deixou por último porque não queria palpites.

A gênese bíblica, com a denominação genérica de Criacionismo, foi situada durante séculos, na Idade Média, como a origem do Universo. Uma explicação teológica enfiada garganta abaixo dos que pretendiam estudar o assunto à luz da razão, sem fantasias.

Como as lideranças religiosas estavam atreladas ao carro do poder temporal e exercitavam poder de vida e morte sobre a população, os que se atreviam a imaginar que teria sido diferente eram ameaçados com a fogueira, que lhes eliminaria drasticamente a vida na Terra, e com as chamas inextinguíveis do inferno, que deveriam atormentá-los eternidade afora.

Tudo em nome de Jesus, cuja recomendação básica foi a de que nos amemos uns aos outros.

Pobre amor negligenciado, expulso dos templos por religiosos sem religiosidade!

No século 17, Galileu Galilei (1564-1642), astrônomo italiano, quase foi parar na fogueira por atrever-se a dizer que a Terra não é imóvel, nem plana, nem o centro do Universo.

Somente no século 18 essa situação começou a mudar, a partir de duas grandes conquistas promovidas pela Revolução Francesa, acabando com duas formas de absolutismo:

O monárquico, a ideia de que o rei é um representante de Deus.

O religioso, a pretensão de que os dogmas religiosos são verdades incontestáveis.

Livres de amarras, os cientistas puderam avançar na busca de conhecimento, superando fantasias teológicas.

Descobriu-se que a Terra é insignificante planeta que gravita em torno de pequena estrela de quinta grandeza, num aglomerado de perto de duzentos bilhões de sóis que compõem a nossa galáxia, a Via Láctea. Esta, por sua vez, é apenas uma dentre bilhões de galáxias no Universo.

E algo ainda mais espantoso: segundo a física atual, nosso Universo é apenas um, dentre múltiplos universos que se justapõem no espaço sem fim.

***

No início do século XX, Edwin Powell Hubble (1889-1953), astrônomo americano, descobriu, após estudos sobre a movimentação das estrelas, que o Universo está em expansão, isto é, estrelas e galáxias estão se afastando de um ponto central, em velocidade vertiginosa.

Isso significa que toda a matéria universal esteve concentrada num ponto, em determinado momento, a partir do qual houve uma expansão, como se fosse uma grande explosão.

Com cálculos precisos, considerando a velocidade em que se movem as estrelas, concluiu que o Universo tem aproximadamente treze bilhões e quinhentos milhões de anos.

Não se trata de mera fantasia ou especulação. O Universo é muito mais velho do que supõe a vã sabedoria bíblica, como diria Shakespeare (1564-1616).

***

Dentre os cientistas que têm pontificado no desdobramento do conhecimento humano, há um que se destaca por sua notável contribuição antropológica: Charles Robert Darwin (1809-1882), naturalista inglês.

Devemos a ele aquela que é, talvez, a mais espantosa descoberta: o aparecimento do homem foi a culminância de um processo evolutivo que começou em organismos simples, envolvendo o reino vegetal e animal, até atingir a complexidade necessária para que um ser começasse a ensaiar a razão, conquistando a capacidade de dirigir o próprio destino.

Darwin chegou a essa conclusão após anos de pesquisas, que começaram com uma viagem ao redor do mundo, jovem ainda, aos vinte e dois anos, de 1831 a 1836, quando coletou milhares de exemplares de vida vegetal e animal.

Fez escala no Brasil. Em seu diário de setecentas e setenta páginas fala de sua admiração pela biodiversidade da mata atlântica, mas também de seu horror ao constatar a existência da escravidão em nosso país e como os escravos eram maltratados e explorados por seus senhores.

De retorno à Inglaterra, durante muitos anos Darwin estudou o material coletado. A partir de análises envolvendo diferenças e semelhanças entre as espécies, foi concebendo a ideia de que, ao longo do tempo, elas passaram por mutações que deram origem a novas espécies, observados mecanismos que ele denominou *seleção natural de sobrevivência dos mais aptos.*

Como ele mesmo previra, a publicação do livro *A Origem das Espécies,* em 1859, em que explicava sua teoria, causou furor, com o prodígio de ser criticado tanto por religiosos, quanto por cientistas.

Os religiosos afirmavam que Darwin era um materialista impenitente que queria destruir a crença em Deus. Ao afirmar que o homem descendia dos macacos, relegava a história de Adão e Eva a mera fantasia teológica.

Os cientistas ficaram tão pasmos que lhes pareceu que a Teoria da Evolução era fruto de uma mente perturbada, sem nenhum respaldo científico.

***

Nem uma coisa nem outra.

Darwin não queria destruir a ideia de Deus. Apenas demonstrar que o Criador trabalha de forma diferente do que imaginamos.

Por outro lado, as evidências foram se acumulando de uma forma tão intensa, tão ampla, que hoje a evolução das espécies é um paradigma científico.

Oportuno destacar que a igreja católica, que tanto combateu a Teoria da Evolução, hoje reconhece sua autenticidade, situando a gênese bíblica como uma alegoria que não deve ser tomada ao pé da letra.

Não obstante, nos círculos protestantes, ainda há os que leem a Bíblia como a palavra de Deus e chegam a pretender que o Criacionismo seja ensinado nas escolas, o que vem acontecendo nos Estados Unidos, o país mais rico do Mundo e um dos mais desenvolvidos e cultos onde, em princípio, tal fantasia jamais poderia mobilizar tanta gente.

Inacreditável que, não obstante o avanço extraordinário da Ciência, ainda tenhamos considerável parcela da população acreditando que o Universo foi edificado por magia divina, em seis dias, há perto de quatro mil anos.

***

Diz Kardec, em *O Evangelho segundo o Espiritismo,* capítulo I:

A Ciência e a Religião são as duas alavancas da inteligência humana; uma revela as leis do mundo material e a outra as do mundo moral.

Tendo, no entanto, essas leis o mesmo princípio, que é Deus, não podem contradizer-se.

Se fossem a negação uma da outra, uma necessariamente estaria em erro e a outra com a verdade, porquanto Deus não pode pretender a destruição de sua própria obra.

A incompatibilidade que se julgou existir entre essas duas ordens de ideias provém apenas de uma observação defeituosa e de excesso de exclusivismo, de um lado e de outro.

Daí um conflito que deu origem à incredulidade e à intolerância.

Essas considerações sábias de Kardec resumem o pensamento espírita.

Tanto a Ciência quanto a Religião são de inspiração divina, apresentando-se como dois caminhos para o conhecimento da verdade.

A Ciência, caminho da experiência.
A Religião, caminho da revelação.

Na Ciência, a visão dos detalhes.
Na Religião, a visão do conjunto.

A Ciência, com os pés no chão.
A Religião, com os pés no Céu.

Dia virá em que ambas estarão de mãos dadas, para uma compreensão melhor do Universo e da Vida.

Kardec valorizava tanto a Ciência, como elemento fundamental para o conhecimento da verdade, que afirmava:

Caminhando com o progresso, o Espiritismo jamais será ultrapassado, porque, se novas descobertas lhe demonstrassem estar em erro acerca de um ponto qualquer, ele se modificaria nesse ponto. Se uma verdade nova se revelar, ele a aceitará.

(A Gênese, capítulo I, item 55)

É a falta dessa lucidez que leva círculos religiosos a insistir na fantasia bíblica, como quem quer provar que dois mais dois fazem cinco, a subverter o bom senso.

***

Oportuno lembrar que Darwin e Kardec foram contemporâneos.

Darwin nasceu em 1809.
Kardec nasceu em 1804.

Darwin faleceu em 1882.
Kardec faleceu em 1869.

O Livro dos Espíritos foi publicado em 1857.
A Origem das Espécies foi publicado em 1859.

A proposta da Doutrina Espírita é mais avançada e mais surpreendente do que a de Darwin.

Segundo o Espiritismo, todo ser vivo possui um princípio espiritual, um Espírito *em formação*, que um dia desenvolverá a complexidade necessária para tornar-se um ser pensante.

É fácil entender isso.

Se Deus levou bilhões de anos para criar, na oficina da Natureza, a roupagem de carne que usamos, por que o Espírito, infinitamente mais complexo, deveria ser criado como num passe de mágica?

***

Há apenas um reparo à Teoria da Evolução.

Darwin explicava que ela se opera a partir de mutações dos seres vivos, atendendo à seleção natural, com a sobrevivência dos mais fortes e capacitados para se adaptarem ao meio quando este passa por transformações. Seria essa adaptação que promoveria as alterações que promovem a evolução.

Para o Espiritismo não é bem assim.

Fatores ambientes podem, efetivamente, favorecer mudanças, mas o grande instrumento da evolução é a ação de mentores espirituais, engenheiros siderais que planejam alterações paulatinas na estrutura perispiritual dos seres vivos, o corpo celeste, como diz o apóstolo Paulo, alterando-a de conformidade com uma programação.

***

Diante dessa visão transcendente que a Doutrina Espírita descortina e dos esclarecimentos que nos oferece, falando-nos de nossa gloriosa destinação, acabamos envergonhados ao verificar como lidamos mal com as situações da Terra, dificuldades, lutas, privações, morte de entes queridos...

Comportamo-nos como o viajante que reclama das pedras no caminho, dos obstáculos a transpor, dos rios a vadear, sem tomar consciência de que ao final da jornada haverá grandes compensações.

Pior fazem os viajores que se desviam, seguindo por trilhas de vícios e inconsequência que implicarão mais árduos trabalhos, maiores sofrimentos para retornarem aos caminhos retos.

O Espiritismo nos coloca numa perspectiva superior, como quem sobe no alto de um monte, de onde descortinamos de onde viemos, onde estamos, para onde vamos, com todas as orientações necessárias a fim de que não nos percamos nos caminhos da vida.

Cumprindo seus princípios, caminharemos rumo ao Infinito, à nossa gloriosa destinação, integrados na sinfonia de Amor que equilibra os mundos e sustenta as almas, regida pelo Criador.

38 · *Amor, Sempre Amor!*

O amor que converte

No capítulo XII, de *O Evangelho segundo o Espiritismo*, diz Allan Kardec:

Outrora, sacrificavam-se vítimas sangrentas para aplacar os deuses infernais, que não eram senão os maus Espíritos.

Aos deuses infernais sucederam-se os demônios, que são a mesma coisa.

O Espiritismo demonstra que esses demônios mais não são do que as almas dos homens perversos, que ainda se não despojaram dos instintos materiais; que ninguém logra aplacá-los, senão mediante o sacrifício do ódio existente, isto é, pela caridade; *que esta não tem por efeito, unicamente, impedi-los de praticar o mal e, sim, também o de reconduzi-los ao caminho do bem e de contribuir para a salvação deles.*

É assim que o mandamento: amai os vossos inimigos *não se circunscreve ao âmbito acanhado da Terra e da vida presente; antes, faz parte da grande lei da solidariedade e da fraternidade universais.*

Desde as culturas primitivas vemos a ideia de seres sobrenaturais perseguindo os homens.

Grande parte das atividades religiosas, ritos e rezas, ofícios e oficiantes, sempre esteve mais voltada para a proteção contra essas forças do que em busca de inspiração para um comportamento melhor, uma vida mais equilibrada, em combate permanente contra nossas imperfeições e mazelas.

Os teólogos medievais fantasiaram à vontade a respeito do assunto, concebendo a existência, no princípio dos tempos, de anjos, seres especiais que deveriam ser intermediários entre Deus e os homens.

Supostamente, muitos rebelaram-se. Negavam a finalidade para a qual haviam sido criados, o que é surpreendente, sugerindo que Deus não foi muito feliz em sua iniciativa, o que é ainda mais surpreendente. Sendo Onipotente, Onisciente e Onipresente, jamais ocorreria tal subversão em Seus domínios.

Sem *esquentar a cabeça* com essa incoerência, os teólogos desenvolveram a teoria dos anjos caídos, convertidos em seres diabólicos empenhados em atrair para seus domínios as almas humanas, ao invés de cumprir sua obrigação de conduzi-las ao Eterno.

E por trás de todos os males humanos sempre haveria a presença dos seres das trevas, cujos poderes até se afiguravam, aos crentes vacilantes, maiores do que o das potestades celestes.

Pessoas que aparentemente sofriam agressões do demônio, a impor-lhes transtornos mentais e comportamento insólito, eram submetidas ao exorcismo, em que sacerdotes, usando ritos e rezas, procuravam afastar o tinhoso, o que, diga-se de passagem, raramente conseguiam, reforçando a ideia da supremacia dos poderes infernais.

***

Tão influente o demônio, capaz de opor-se a Deus, até haveria vantagem em *mudar de lado*, admitindo-o por protetor.

O genial Goethe (1749-1832) universalizou a lenda alemã que fala do assunto, com seu livro *Fausto*, sobre um homem que vende a alma ao demônio, em troca de seus favores.

Por outro lado, os que produziam fenômenos supostamente sobrenaturais e diabólicos eram invariavelmente remetidos à fogueira.

Crimes tenebrosos, nesse particular, foram cometidos, em nome de Deus, na Europa, durante a Idade Média, particularmente no período inquisitorial.

Pessoas dotadas de sensibilidade mediúnica, confundidas com agentes do demônio, eram sumariamente conduzidas à fogueira.

Para não dizer que eram condenadas sem julgamento, essas infelizes vítimas dos tribunais da inquisição eram submetidas ao ordálio, o chamado *Juízo de Deus,* um prodígio de maquiavelice, sem chance para o réu.

Havia várias formas de ordálio.

Numa faziam o acusado pegar num ferro em brasa. Depois o sacerdote cobria a queimadura com cera. A mão era enfaixada. Dias depois tiravam as faixas. Se houvesse alguma chaga o infeliz seria culpado, o que equivale dizer que era sempre culpado.

Noutra jogava-se o suspeito no rio, preso a uma pedra. Se permanecesse à superfície estaria demonstrado tratar-se de um feiticeiro. Seria condenado à morte. Se afundasse, seria declarado inocente, mero prêmio de consolação para o infeliz morto por afogamento.

***

Na atualidade, as escolas psicológicas partem do princípio de que não há nada além da matéria.

Nem um pouco dispostas a admitir a existência de uma dimensão espiritual, atribuem as supostas manifestações do demônio a surtos psicóticos, histeria, transtornos da emoção e outras sutilezas acadêmicas.

Interessante lembrar que o papa Paulo VI (1897-1978) costumava dizer que a maior vitória do demônio, nos tempos modernos, foi convencer as pessoas de que ele não existe, como pretendem os psicólogos.

A Doutrina Espírita põe ordem na casa, oferecendo-nos uma visão mais objetiva do Mundo Espiritual e do inter-relacionamento que há entre os Espíritos e os homens.

As supostas influências demoníacas existem sim, mas não têm por origem anjos rebelados contra Deus, empenhados em atazanar os homens, levando-os à perdição.

Quem as produz são as almas dos mortos, libertas da matéria pela morte física, mas presas à existência terrestre. Gravitam em torno dos homens, influenciando-os, a partir de variadas motivações.

Há Espíritos que simplesmente não percebem que desencarnaram, o que ocorre com muita frequência, por despreparo para a morte e absoluto desconhecimento do que é a vida espiritual.

Deixando o corpo, situam-se como sonâmbulos que falam e ouvem, inconscientes de sua situação.

Tendem a gravitar em torno dos familiares, transmitindo-lhes algo de suas perplexidades.

A teologia tradicional informaria tratar-se de influência demoníaca.

A psicologia situaria o problema dos familiares como transtorno da emoção relacionado com a dificuldade em lidar com a separação.

Exorcismos e sessões terapêuticas revelam-se, geralmente, incapazes de resolver o problema.

Uma reunião mediúnica, onde o Espírito possa ser ajudado, resolverá facilmente.

***

Há os vícios – álcool, drogas, cigarro, que literalmente arruínam a vida das pessoas, semeando desordem e sofrimento.

Seria para o teólogo uma pressão do demônio, para induzir a vítima à perdição.

Para o psicólogo, uma muleta usada por gente mal resolvida em relação aos desafios existenciais.

O Espiritismo nos explica que o vício condiciona não apenas o corpo, mas também o Espírito. Como no além não há possibilidade de satisfazê-lo, o viciado passa a perseguir pessoas que tenham as mesmas tendências, a fim de que, por um processo de interação psíquica, possa satisfazer-se.

O viciado encarnado age como instrumento do parceiro desencarnado, em simbiose, num transe mediúnico às avessas. Ao invés do encarnado transmitir o pensamento do Espírito, é o Espírito que experimenta as sensações do *médium*.

Podemos concluir que todo viciado sofre ou fatalmente sofrerá o assédio de viciados desencarnados.

Tratamento espiritual, passes magnéticos, água magnetizada, orientação doutrinária, ajudam o viciado, desde que tenha disposição para controlar seus impulsos e superar as influências que recebe.

***

Há as perseguições espirituais. Espíritos que se aproximam dos homens, não como náufragos que pedem socorro, não como vítimas do vício que procuram um intermediário para satisfazer-se, mas com o propósito de envolver, atacar, prejudicar, agredir, transviar…

Inteligentes, sabem o que fazem e se comprazem nisso.

Duas são suas motivações principais:

Há os que desejam simplesmente exercitar seu domínio sobre a mente humana, cultivando o mal, dispostos a explorar as fraquezas dos homens.

Vemos sua ação em inúmeros setores de atividade humana, sempre que encontram instrumentos dóceis à sua ação, gerando, não raro, perturbadores movimentos sociais.

A Alemanha nazista, o totalitarismo comunista, o fascismo italiano, tiveram, sem dúvida, a inspiração de Espíritos dessa ordem, interessados em semear a discórdia, o terror, a confusão...

***

Nas reuniões mediúnicas, impressiona o número de Espíritos vingadores, origem da maior parte dos problemas obsessivos que induzem as pessoas a procurar auxílio no Centro Espírita.

Há quem estranhe.

– Nunca fiz mal a ninguém... Como pode estar acontecendo?!

Ocorre, leitor amigo, que tendemos a perigosa indulgência na análise de nosso comportamento, tanto quanto somos extremamente severos na avaliação do comportamento alheio.

Prejuízos que porventura causemos a alguém, de ordem material ou moral, não nos parecem graves, o que, certamente, não é o ponto de vista daquele que foi prejudicado.

Uma jovem de exuberante beleza e escassa moral seduz um homem casado, pai de quatro filhos, e o induz a deixar a família.

Justifica-se perante a própria consciência com a alegação de que ele era infeliz no casamento e que ao seu lado reencontrou a alegria de viver.

O pai da esposa abandonada, truculento Espírito desencarnado, não pensa o mesmo e passa a persegui-la, causando-lhe sérios transtornos físicos e emocionais, sem que ela consiga evitar, já que há o seu comprometimento com aquele grave deslize moral, a favorecer a sintonia com o obsessor.

***

Ainda que tenhamos comportamento ilibado, podemos sofrer um assédio espiritual, vinculado a existências anteriores.

Nossas vítimas de ontem podem emergir da Espiritualidade como os verdugos de hoje, pretendendo que lhes paguemos nossos débitos com a moeda das lágrimas.

É, talvez, o problema mais frequente nos chamados processos obsessivos, e o mais difícil de ser resolvido, já que há íntima ligação entre o devedor e o credor, numa imantação sustentada pelo ódio do agressor e pela culpa do agredido.

Quando informado sobre o assunto, o obsidiado tende a ver o obsessor como a personificação do mal. Anseia pelo seu afastamento, rogando a Deus o encaminhe para os *quintos dos infernos.* E mobiliza todos os recursos para conseguir seu intento, apelando até para mistificadores que se propõem a desfazer supostos *malfeitos*, mediante pagamento de generosa gratificação.

Semelhante comportamento acaba gerando mais hostilidade da parte do desencarnado, dificultando o trabalho dos benfeitores espirituais, que não agem à maneira de policiais a dar voz de prisão ao bandido que invadiu uma residência.

Para eles, o obsessor é também um filho de Deus, mais necessitado do que o próprio obsidiado, porquanto está sob inspiração do ódio, do desejo de vingança, sentimentos profundamente desajustantes e comprometedores.

Por isso, Kardec propõe uma ação diferente. Que exercitemos a caridade, o amor que converte, em favor desses Espíritos.

Que vibremos em seu benefício; que oremos, não para que Deus os afaste, mas para que eles sejam amparados e atendidos em suas necessidades. Que cultivemos um comportamento evangelizado, capaz de sensibilizá-los. Somente assim modificaremos suas disposições.

***

Um homem sofria, há anos, inclemente obsessão.

O Espírito, movido por propósitos de vingança, conturbava-lhe os pensamentos, provocava-lhe desajustes físicos, criava-lhe toda sorte de embaraços, com o perseverante propósito de infernizar-lhe a vida.

Um mentor espiritual consultado fez três recomendações:

Que orasse pelo obsessor, procurando envolvê-lo com vibrações de amor cristão.

Que lhe pedisse perdão, salientando a intenção de reparar prejuízos que lhe tivesse causado no passado.

Que se dedicasse ao esforço do Bem, exercitando amor pelos sofredores.

Durante quatro anos, o obsidiado seguiu essa orientação, sempre às voltas com o perseguidor espiritual, que insistia em atormentá-lo, mas nunca desistindo de vibrar na sintonia daquele amor que tudo pode por conter todo o poder do Amor.

Richard Simonetti · 49

Às vezes desanimava, mas sempre recebia a mesma orientação emanada da Espiritualidade, com a informação de que era preciso dar um tempo.

Nesse ínterim, matriculou-se num curso de Espiritismo e Mediunidade e aprendeu a lidar melhor com aquela influência, a partir de um comportamento evangelizado.

Concluído o curso, passou a participar de um grupo mediúnico, o que lhe ofereceu o ensejo de colaborar com a Espiritualidade no atendimento de Espíritos encarnados e desencarnados em desequilíbrio.

Numa dessas reuniões, foi surpreendido com uma manifestação do obstinado obsessor, em mensagem psicografada a ele dirigida:

Venho despedir-me.

Durante anos atormentei você, disposto a vingar-me do que me fez em vida anterior. Foi muito grave e terrível, algo que, por invigilância minha, sustentou-me o ódio e o empenho de revide.

No entanto, reconheço que fui derrotado nesse confronto infeliz. Sinto-me impotente para continuar agredindo alguém que foi muito mau no passado, mas hoje revela uma vocação para o Bem que me comove e me confunde.

Saiba que suas ações, seu empenho de renovação, seus exercícios de amor cristão, muito mais do que suas preces, acabaram por conter o braço da vingança.

Tudo o que lhe peço agora é que me perdoe e continue orando por mim. Sou um infeliz que um dia deixou-se iludir pela ideia de que somente a desforra traria paz ao seu coração.

Uma paz que nunca experimentei enquanto o perseguia, uma paz que espero conquistar seguindo o mesmo caminho que você vem trilhando, tentando assimilar as bênçãos do Amor.

Se me é permitido evocar Deus, peço ao Criador que o abençoe e que tenha compaixão de mim.

A partir daquele dia, o obsidiado livrou-se em definitivo dos problemas emocionais e espirituais que o afligiam.

Confirmava-se o irresistível poder que desenvolvemos quando nos decidimos a eleger o Amor por ideal de nossas vidas, amor, sublime amor que se realiza no empenho de servir.

É a mais poderosa *arma* do Universo, capaz de *abater* o mais empedernido obsessor, modificando suas disposições em favor de uma existência tranquila e feliz para nós.

52 · *Amor, Sempre Amor!*

O amor no cotidiano

No capítulo XI, de *O Evangelho segundo o Espiritismo,* diz o Espírito Lázaro (Paris, 1862):

O amor resume a doutrina de Jesus toda inteira, visto que esse é o sentimento por excelência, e os sentimentos são os instintos elevados à altura do progresso feito.

Em sua origem, o homem só tem instintos; quando mais avançado e corrompido, só tem sensações; quando instruído e depurado, tem sentimentos.

E o ponto delicado do sentimento é o amor, não o amor no sentido vulgar do termo, mas esse sol interior que condensa e reúne em seu ardente foco todas as aspirações e todas as revelações sobre-humanas.

A lei de amor substitui a personalidade pela fusão dos seres; extingue as misérias sociais.

Ditoso aquele que, ultrapassando a sua humanidade, ama com amplo amor os seus irmãos em sofrimento!

Ditoso aquele que ama, pois não conhece a miséria da alma, nem a do corpo. Tem ligeiros os pés e vive como que transportado, fora de si mesmo.

Quando Jesus pronunciou a divina palavra – amor, os povos sobressaltaram-se e os mártires, ébrios de esperança, desceram ao circo.

Esse texto resume o processo de nossa evolução espiritual e a grande meta que devemos atingir, neste trânsito pela Terra, em sucessivas jornadas reencarnatórias.

Em estágios primários de consciência éramos conduzidos pelos instintos, centralizando nossas iniciativas no propósito de atender a necessidades elementares de subsistência.

Fizemos longa jornada, da animalidade primitiva à humanidade.

Agora nos compete transitar da humanidade para a angelitude.

Tornamo-nos humanos quando aprendemos a pensar.

54 · Amor, Sempre Amor!

Seremos anjos quando aprendermos a amar.

Os que alcançam essa realização suprema harmonizam-se com a Criação e tornam-se capazes de todos os sacrifícios pelo bem da Humanidade.

Foi esse amor glorioso, como diz Lázaro, que motivou os mártires do Cristianismo a entrarem no circo romano para serem devorados por feras famintas, ou transformados em tochas vivas, entoando hinos de louvor ao Criador e a Jesus.

Regaram com seu suor e seu sangue a árvore nascente do Evangelho, para que o Evangelho se fixasse na Terra como supremo marco de luzes, como alicerce para instalação do Reino de Deus, o Reino do Amor.

Ainda que não o percebamos, o anseio dessa realização superior está impregnado em nós, faz parte de nossa personalidade como filhos de Deus.

É por isso que nada nos sensibiliza e comove tanto como as histórias que envolvem o amor exercitado por pessoas capazes de se doarem em favor do bem comum.

Por isso nos emocionamos com pessoas que vivenciaram esse amor, como Francisco de Assis (1181-1226), Mahatma Gandhi (1869-1948), Albert Schweitzer (1875-1965), Chico Xavier (1910-2002), Madre Teresa de Calcutá (1910-1997), tornando-se figuras legendárias e inesquecíveis.

***

Richard Simonetti · 55

Uma perguntinha, amigo leitor:

Considerando que o Amor é a meta suprema do Espírito, promovendo sua harmonização com os ritmos do Universo, a que distância estamos dele?

Certamente longe, o que é facilmente demonstrável por nossa incapacidade em sustentar o equilíbrio e a felicidade, jamais ausentes em quem chegou lá.

Se há dois mil anos estamos de posse do Evangelho, a *reta perfeita* para o Amor, por que tardamos tanto?

É natural? Tão demorado?

Não podemos apressar o passo?

Bem, vamos considerar, em princípio, que não somos vegetais, com tempo certo para germinar, crescer, florescer e frutificar.

Somos seres pensantes.

Não progredimos por força das coisas.

É preciso forçar as coisas.

Não amadurecemos para o amor.

É exercitando amor que amadurecemos.

Digamos, então, que depende de nós.

***

Obviamente, nestes dois mil anos de Cristianismo, em múltiplas reencarnações, tivemos contato com o

Evangelho. Estivemos ligados a círculos religiosos que situam Jesus por mestre e senhor.

Talvez tenhamos até transitado por igrejas, conventos, monastérios, abadias, integrados na hierarquia religiosa.

Por que, então, essa dificuldade?

Por que não vivenciamos o Evangelho em plenitude?

Por que, sabendo que o amor é essencial, não conseguimos exercitá-lo?

Talvez o problema esteja no fato de que Jesus não faz parte do nosso cotidiano.

Se um pobre bate à porta...

Se alguém nos prejudica...

Se enfrentamos um problema...

Se surge uma tentação...

Encaramos essas situações à luz do Evangelho, que manda atender quem nos procura, perdoar quem nos ofende, confiar em Deus, cultivar a integridade?

Se você é capaz, parabéns leitor amigo! Pode interromper a leitura e cuidar da vida! Certamente está na Terra em secreta missão em favor da Humanidade!

Se não pertence a essa minoria, pergunto-lhe:

Como podemos mudar isso?

Como trazer Jesus para o dia a dia?

Há propostas interessantes. Uma elementar:

Estudar. O conhecer é a antessala do fazer.

Impossível vivenciar um princípio sem nos envolvermos com ele, sem realizarmos um esforço por assimilá-lo em plenitude.

Antes de cumprir o Evangelho, é preciso mergulhar nesse universo maravilhoso que se desdobra nas narrativas da Boa Nova.

Impressionante o desconhecimento geral em torno do assunto.

Poucos enunciariam os autores dos textos evangélicos.

Raros citariam três princípios apresentados por Jesus em *O Sermão da Montanha*.

Raríssimos reproduziriam na íntegra as orientações recebidas pelo colégio apostólico na última ceia.

Como vivenciar a moral cristã, se não estamos familiarizados com seus conceitos?

Bem, talvez falte tempo...

Forçoso reconhecer, entretanto, que tempo é uma questão de preferência. Sempre encontramos tempo para fazer o que realmente desejamos.

Um dia soma mil, quatrocentos e quarenta minutos.

Por que não reservar vinte para estudar o *Evangelho*?

Embora representem perto de um e meio por cento de nosso dia, esses vinte minutos diários somarão cento e vinte horas no ano!

É *tempo à beça,* a favorecer importante aprendizado!

***

Para reforçar esse estudo, sedimentando melhor o conhecimento evangélico na vivência das lições de Jesus, há uma prática salutar estimulada pelos órgãos de unificação do movimento espírita brasileiro – o chamado *Evangelho no Lar.*

É de simplicidade tocante. Pode ser exercitado em todos os níveis sociais.

Consiste numa reunião semanal da família, em dia e horário determinado, para conversar sobre as lições da Boa Nova.

Nada de estudos profundos, conceituação erudita, voos de intelectualidade.

Apenas singelo bate-papo.

Faz-se uma oração e pequena leitura do trecho escolhido, em obra doutrinária que fale do Evangelho.

Em seguida, o grupo conversa a respeito, trocando ideias. Prática singela, mas de resultados surpreendentes na economia psíquica do lar.

***

Há um recurso muito usado na atualidade por algumas escolas psicológicas: a terapia em grupo.

Pessoas com problemas similares conversam, sob assistência de um profissional. Trocam ideias, falam de suas vidas, expõem seus conflitos, buscando emulação para superar os desajustes.

O *Evangelho no Lar* é diferente. Reunimo-nos, sob a incomparável assistência de Jesus, para falar de seus ensinos, buscando neles a inspiração para que nos mantenhamos ajustados.

Na terapia de grupo as pessoas expõem as sombras, tentando encontrar a luz.

No *Evangelho no Lar* acendemos a luz para espantar as sombras.

***

Frequentemente, nos serviços de atendimento fraterno, ouvimos pessoas reclamarem que seu lar foi invadido por espíritos obsessores. Ambiente péssimo, os familiares não se entendem, a desarmonia impera...

Há aqui um equívoco.

O ambiente de uma casa não está ruim porque invadida por Espíritos perturbadores.

Foi invadida por Espíritos perturbadores porque o ambiente está ruim.

A partir dessa conjunção de ambiente ruim com influência espiritual, sustentam-se desentendimentos, que não raro culminam com a desagregação da família e a separação do casal, gerando sofrimentos e desajustes para os filhos, as vítimas inocentes dessas situações constrangedoras.

Falando em crianças, às vezes um filho está ardendo em febre, com perigosa infecção. Os pais se desdobram em cuidados, extremamente preocupados.

Mal sabem que contribuíram para essa situação.

Cultivando desentendimentos e brigas, contaminaram com vibrações negativas a atmosfera psíquica do lar.

A criança tem um psiquismo sensível, que reflete o ambiente em que se situa. Resultado: seus mecanismos imunológicos são afetados, favorecendo a invasão bacteriana.

Tivessem os pais consciência desse problema e, por muito amarem seus filhos, haveriam de cultivar entendimento e harmonia no lar, com todo empenho em trazer Jesus para o cotidiano, favorecendo o exercício do Amor.

***

Fica o convite, leitor amigo: instituamos o *Evangelho no Lar*.

Vamos aprender a falar em Jesus, a pensar com Jesus, a cumprir o que Jesus ensinou, no lar, na rua, no local de trabalho, na vida em sociedade.

Se você me permite nova comparação matemática, são apenas trinta minutos dos dez mil e oitenta que a semana nos concede.

Investimento mínimo na economia do tempo, a render preciosos dividendos de harmonia e paz para nós e nossa família.

***

Algumas dúvidas relacionadas com o *Evangelho no Lar*:

É necessário que haja horário e dia certo para a reunião? Não podemos aguardar o ensejo, em que estejam todos em casa?

Um dos aspectos importantes do *Evangelho no Lar* é a presença de benfeitores espirituais e familiares desencarnados, que nos ajudam, inspiram e amparam. Obviamente não estão à nossa disposição. Eles têm seus compromissos. Fundamental, portanto, que observemos dia e horário, com assiduidade e perseverança.

Podemos pôr uma jarra d'água para ser magnetizada pelos mentores?

Sim, e é uma prática muito boa. Se houver alguém doente, que se deixe um copo à parte para ele.

Como evitar que ocorram desentendimentos que acabam por inviabilizar a reunião?
Isso acontece quando os participantes transformam a reunião em tribunal, exercitando críticas recíprocas. É preciso ver nas lições algo para analisar nosso comportamento, não o alheio.

E se chegam visitas no horário da reunião?
Que sejam convidadas a participar. Certamente apreciarão uma reunião onde se fala de bem viver, tendo por base as lições de Jesus.

Há um problema: sou espírita e minha esposa é evangélica.
Não há problema. Se não pode ler uma obra espírita, leia o *Novo Testamento*. A moral de Jesus é universal, serve para todos os povos, para todas as religiões.

64 · Amor, Sempre Amor!

O amor que desbloqueia

Certamente, você concordará, amigo leitor, que o verbo mais usado nas orações que se erguem da Terra ao Céu é *pedir*.

Para a maioria dos fiéis, preces são longas listagens, como quem contata um supermercado do Além, esperando que Deus providencie a entrega das encomendas em domicílio.

Obviamente, não é proibido o petitório.

Afinal, Deus é Nosso Pai!

Impensável impedir o filho de buscar seu genitor, a rogar-lhe a solução de seus problemas ou o atendimento de suas necessidades.

Não obstante, há um princípio básico que devemos observar, a fim de não reclamarmos que o Todo-Poderoso é um pai negligente, que faz ouvidos moucos aos nossos anseios: evitemos solicitar milagres.

Alguns exemplos:

Passar em vestibular sem estudar.

Conquistar emprego de alto nível sem especialização profissional.

Prosperar num negócio sem experiência comercial.

Conquistar a paz sem disciplinar as emoções.

Pacificar o lar sem cultivar compreensão.

Conquistar amigos sem exercitar simpatia.

Conservar o bom ânimo sem a luz de um ideal.

Ser feliz sem realizar a bondade.

Também não vai isentar-nos de situações que *nós mesmos planejamos ao reencarnar:*

Família difícil...

Convivência com desafetos...

Deficiência física...

Doença crônica...

Problemas financeiros...

Dificuldades variadas...

Na espiritualidade, com a consciência desperta e a visão plena de nossas imperfeições e fraquezas, nossa postura é a do devedor ansioso, que pretende resgatar urgentemente seus débitos a fim de, digamos, *limpar seu nome no tribunal da consciência.*

Cogitávamos de múltiplos males e dissabores, lutas e dores, pretendendo resolver rapidamente pendências cármicas, a inibirem nossa ascensão às paisagens celestiais.

Benfeitores espirituais que nos assistiam operaram drásticos e misericordiosos cortes nessa listagem de desgraças, porquanto não suportaríamos enfrentá-las por inteiro.

Segundo um princípio elementar de justiça, Deus não nos impõe provações superiores à nossa resistência.

Jamais o peso da cruz será incompatível com nossa musculatura espiritual.

Ocorre que, em aqui chegando, com a visão precária dos olhos carnais, e perdendo o contato com as realidades espirituais, esquecemos as boas intenções.

Resultado: passamos a imaginar que houve algum equívoco dos programadores celestes, impondo-nos um trambolho que se nos afigura impossível de carregar. E nos entregamos a ardentes orações, implorando a Deus que o retire de sobre nossos ombros.

Há duas histórias interessantes e ilustrativas.

***

A primeira diz respeito a um homem insatisfeito com sua cruz. Pesava demais. Não lhe parecia razoável nem justo.

Vivia reclamando. Orava sensibilizado, a reivindicar madeiro mais leve.

E tanto insistiu, agoniado, que lhe foi oferecida a oportunidade de efetuar substituição.

Sob orientação de mentores espirituais, examinou imenso mostruário onde havia cruzes de tamanho, formato e peso diversos. Escolheu cuidadosamente a que lhe pareceu mais adequada.

Quando a recebeu verificou, assombrado, que era exatamente igual à que carregava. O mesmo tamanho, formato e peso.

Digamos que a cruz de nossos dissabores guarda compatibilidade com nossas forças, bem mais leve do que merecemos, bem menos contundente do que solicitamos.

Se assim não nos parece é porque a carregamos sobre ombros nus. É o atrito que produz doridos ferimentos.

Ficará bem ameno se colocarmos um anteparo: a *almofada do Bem*, em exercícios de amor pelo semelhante e fé em Deus.

Com essa abençoada proteção seguiremos tranquilos, cumprindo sem maiores dificuldades nossa programação existencial.

***

A segunda história nos fala de um homem muito esperto.

Reclamando que o peso do madeiro o incomodava, cortou um pedaço na base. Ficou mais leve.

Após algum tempo de caminhada, começou a pesar novamente.

Não teve dúvida – cortou outro pedaço e seguiu tranquilo.

Ao chegar ao final da longa jornada, verificou algo que o deixou estarrecido: o acesso às regiões celestiais passava por um abismo profundo, com a largura de dois metros e meio, pouco menor que o cumprimento da cruz original, que deveria ser usada como uma ponte.

Ao reduzi-la, ficou sem acesso.

Muita gente vai podando a cruz pelo caminho.

O chefe de família que abandona esposa e filhos, por sentir-se cerceado em sua liberdade...

O comerciante que apela para a desonestidade a fim de superar dificuldades econômicas.

A mulher que parte para o aborto a fim de livrar-se de um filho indesejável...

A jovem que se prostitui para furtar-se à pobreza.

São, simbolicamente, cruzes decepadas, que em princípio até facilitarão a caminhada, mas resultarão em graves problemas no retorno à vida espiritual.

Esses *podadores da cruz* não terão condições para transpor os abismos umbralinos, as regiões purgatoriais, onde, segundo Jesus, há choro e ranger de dentes.

***

Há os que estão dispostos a carregar o madeiro redentor sem fugas, sem desvios.

Não pedem, em oração, que o peso seja menor, nem pretendem que seja reduzido.

Acertadamente, rogam forças, coragem, equilíbrio...

Não obstante, saem da oração sem aqueles benefícios.

Imaginam uma falha de comunicação.

O canal de ligação com o Céu parece bloqueado.

Como superar o problema?

É Jesus quem nos ensina, ao proclamar (Mateus, 5:23-24):

Se, portanto, quando fordes depor vossa oferenda no altar, vos lembrardes de que vosso irmão tem qualquer coisa contra vós, – deixai a vossa dádiva junto ao altar e ide, antes, reconciliar-vos com o vosso irmão; depois, então, voltai a oferecê-la.

Faziam parte do culto judeu as oferendas, situadas como sacrifícios. O ofertante despojava-se de algo em favor do Templo. Podia ser dinheiro, utensílios, vegetais, animais, aves...

Jesus respeitava aquelas tradições, embora não as observasse, já que sua proposta era diferente, conforme explicou à mulher samaritana (João, 4:23-24), dizendo que Deus é Espírito e em espírito deve ser adorado.

O culto a Deus deve ser despido de ofícios e oficiantes, ritos e rezas. É um ato do coração, do filho que se comunica com seu pai.

Mas o Mestre deixa bem claro que essa ligação ficará inviável se o nosso *telefone,* o coração, estiver bloqueado por mágoas e ressentimentos.

Talvez seja impossível a reconciliação, pelo menos em princípio, se a outra parte não está disposta, mas que *desbloqueie a linha* aquele que ora.

Em *O Evangelho segundo o Espiritismo,* capítulo X, diz Kardec:

O cristão não oferece dons materiais, pois que espiritualizou o sacrifício.

Com isso, porém, o preceito ainda mais força ganha.

Ele oferece sua alma a Deus e essa alma tem de ser purificada. Entrando no templo do Senhor, deve ele deixar fora todo sentimento de ódio e de animosidade, todo mau pensamento contra seu irmão.

Só, então, os anjos levarão sua prece aos pés do Eterno.

Esse *entrar no templo do Senhor,* a que se refere Kardec, é o exercício da oração, fazendo indispensável oferenda espiritual: uma alma livre de ressentimentos, ódios e rancores.

O raciocínio é perfeito.

Como pedir ajuda a um pai, desejando mal ao seu filho?

***

A pretensão de uma comunhão com Deus, sem depurar o coração de sentimentos rancorosos, ante a luz do amor, é uma contradição lamentável, que perpetua no Mundo as lutas armadas, as guerras, o morticínio...

No Oriente Médio, de insuperáveis conflitos entre árabes e judeus, a se matarem uns aos outros, vemos, surpreendentemente, os dois povos imbuídos de religiosidade.

Procuram as mesquitas e as sinagogas.

Oram, contritos, em favor da paz.

Mas pretendem a paz que se estabeleça a partir da destruição do inimigo, coração repleto de ódio, insuperável desejo de vingança.

O árabe não pensa no judeu como um filho de Deus, irmão seu, e vice-versa.

É como se os habitantes de terra inimiga fossem filhos do demônio, que devem ser exterminados.

É essa mentalidade que perpetua agressões e retaliações mútuas e incessantes, dispostos os contendores ao sacrifício da própria vida em favor do aniquilamento dos adversários.

Não conseguem assimilar um princípio elementar: Violência gera violência.

Se desejamos a paz é preciso desarmar o espírito.

Ou os beligerantes reconhecem isso ou o morticínio continuará, até que se aniquilem mutuamente, culminando com a lamentável paz dos cemitérios.

***

Frequentemente, nos serviços de atendimento fraterno, conversamos com pessoas que se dizem amarguradas, doentes, infelizes, em virtude de problemas familiares, profissionais, existenciais, em permanentes conflitos.

Atendemos uma senhora com problemas de saúde. Foram mobilizados os recursos do Centro, em seu benefício, envolvendo passes, água magnetizada, vibrações, reuniões públicas, sessões de desobsessão.

Recomendamos-lhe, ainda, leituras edificantes com base nos princípios espíritas, oração, reflexão...

Nada deu resultado.

Numa das reuniões, em que seu nome era lembrado para o trabalho de vibrações, um mentor espiritual explicou que o problema não seria solucionado enquanto ela não perdoasse o esposo.

Transmitimos o recado. A infeliz senhora chorou muito e nos confessou que a informação estava correta. Guardava grande mágoa do marido, que não a tratava com a devida consideração e se envolvera, tempos atrás, numa aventura extraconjugal.

Com seis filhos ainda adolescentes, vivia na inteira dependência dele, mas não o perdoava, embora reconhecendo que ele era bom pai e não deixava faltar nada à família.

O rancor inibia suas orações e neutralizava os recursos espirituais mobilizados em seu benefício.

Explicamos-lhe que o perdão não era nenhum favor ao companheiro. Apenas o indispensável para que se equilibrasse.

Infelizmente, amigas desavisadas, mais amigas das fofocas, a perturbavam com a ideia de que estava certa em sua postura rancorosa.

Certamente nunca leram ou, se leram, não entenderam uma observação de Jesus (Mateus, 5:20):

Porque vos digo que, se a vossa justiça não exceder a dos escribas e fariseus, de modo nenhum entrareis no reino dos céus.

A justiça dos escribas e fariseus é a do *olho por olho, dente por dente*, instituída por Moisés, que manda revidarmos ao mal que nos façam.

A proposta de Jesus transcende essa justiça torta.

É a justiça de quem, exercitando os valores do Amor, enxerga no ofensor alguém que adoeceu espiritualmente e precisa de ajuda.

Lembrando um problema atual, se alguém contrai a dengue, a família desdobra-se em cuidados e preocupações.

Se ele comete um erro ou mostra-se impertinente, os familiares logo erguem uma barreira de ressentimento, conturbando a vida no lar.

Em última instância, a justiça que transcende a dos fariseus é exercitada com a compreensão de que cada qual está num estágio de evolução.

Não podemos exigir das pessoas mais do que podem dar.

Essa postura jamais será um favor feito a alguém, mas o mínimo indispensável em nosso próprio benefício.

Se desejamos conservar a integridade espiritual e um ambiente harmônico, onde estivermos, é preciso desarmar o espírito com o perdão. É um exercício maravilhoso na arte de amar, capaz de eliminar a mágoa, o ressentimento e o rancor, que tão mal nos fazem.

O amor que protege

No item 6, capítulo X, de *O Evangelho segundo o Espiritismo,* comenta Allan Kardec:

... A morte, como sabemos, não nos livra dos nossos inimigos; os Espíritos vingativos perseguem, muitas vezes, com seu ódio, no além-túmulo, aqueles contra os quais guardam rancor; donde decorre a falsidade do provérbio que diz: "Morto o animal, morto o veneno", quando aplicado ao homem.

O Espírito mau espera que o outro, a quem ele quer mal, esteja preso ao seu corpo e, assim, menos livre, para mais facilmente o atormentar, ferir nos seus interesses, ou nas suas mais caras afeições.

Nesse fato reside a causa da maioria dos casos de obsessão...

Essa observação de Kardec situa-se por incisivo libelo contra a pena de morte.

O condenado, transferido compulsoriamente para o Mundo Espiritual, simplesmente se reveste de invisibilidade e passa a perseguir os responsáveis por sua condenação.

Embora sofrendo os horrores de uma morte violenta para a qual não tinha nenhum preparo, e apresentando desajustes variados relacionados com seu comportamento criminoso enquanto *vivo*, ele tenderá a permanecer jungido à vida física, predisposto a iniciativas de vingança, próprias de seu caráter.

O ideal seria aplicar a sábia orientação de Jesus (Mateus, 9:12):

Não necessitam de médico os sãos, mas, sim, os doentes.

O criminoso é um *doente moral*.
Deve ser tratado e não *supostamente* eliminado.

***

Nas reuniões mediúnicas de desobsessão, causa perplexidade o grande número de Espíritos que exercem vingança por prejuízos sofridos em pretérita existência. Perseguem os responsáveis, impondo-lhes variados problemas de saúde física e psíquica.

Parecem ter perdido o contato com a realidade, dominados pelo desejo de revide, sem atentar ao passar do tempo, contabilizando, não raro, dezenas de anos e até séculos.

Localizam e assediam seus desafetos com a intenção de submetê-los a toda sorte de sofrimentos e desajustes.

E quem é mais digno de comiseração?

O obsidiado, pela inconsequência criminosa do passado, ou o obsessor, pela agressividade feroz do presente?

O obsidiado, que ofendeu, ou o obsessor, que não soube perdoar?

O obsidiado, que colhe espinhos que semeou, ou o obsessor, que se dilacera nos propósitos de vingança?

É difícil lidar com um Espírito nessa condição, fixado na ideia de que seus desafetos, que tanto o fizeram sofrer, devem experimentar sofrimentos mil vezes acentuados.

Inútil racionalizar, dizendo-lhe que responderá por seus atos, que está sendo insensível, que não está agindo de conformidade com as leis divinas.

É impermeável aos apelos da razão.

Melhor evocar o coração.

Lidei há pouco com uma situação dessa natureza.

O obsessor mostrava-se irredutível na perseguição que exercia sobre um desafeto. Pretendia induzi-lo ao suicídio.

O caso viera parar no atendimento fraterno do Centro, por iniciativa de um familiar, preocupado com o estado de abatimento e desânimo do obsidiado.

E ali estava o algoz, conversando conosco no processo mediúnico. De nada adiantou falar-lhe das consequências de seus atos, do crime que estava cometendo, dos sofrimentos que estava impondo a toda uma família, em nome do ódio.

Em certo momento, justificando-se, explicou:

– Aquele de quem você se compadece é um criminoso sem perdão. Na existência passada ele foi um coronel nordestino. Movido pela ambição, invadiu minhas terras, matou-me, bem como a meus pais, irmãos, esposa e três filhos, e apossou-se de todos os nossos haveres. Estive a vagar sem sossego por muito tempo. Agora o localizei e farei justiça. Vou induzi-lo ao suicídio e provocarei a desagregação de sua família.

A experiência ensinou-me que em situações assim o primeiro passo é captar a simpatia do manifestante, concordando com seus propósitos, exercitando amor por ele.

Foi o que fiz.

— Sua revolta é justa. O crime que seu desafeto cometeu é imperdoável.

— Ainda bem que concorda comigo, porquanto não descansarei enquanto o miserável não pagar!

— Desculpe, mas fico imaginando se valeu a pena ficar tanto tempo dominado pelo ódio, a ponto de perder a própria noção do tempo. Pelo que você relatou, aquela tragédia aconteceu há mais de um século...

— Ainda que se passem muitos séculos, não importa! Quero vingança!

Então, amigo leitor, veio o apelo do coração.

— E a sua família?...

— O que tem minha família?

— Mantém contato com seus pais, irmãos, a esposa e filhos?

— Não, nunca mais os vi.

— Não acha estranho, já que desencarnaram juntos?

— Nada disso importa! Apenas a justiça!

— Não sente saudades?

— Não quero pensar nisso!

— Nunca procurou definir por que não os encontra?

— Certamente esqueceram-se de mim, seguiram seu caminho.

— E se eu lhe disser que mentores espirituais querem colocá-lo em contato com eles?

— Não acredito! Você quer enganar-me!

– É verdade! Seus familiares têm procurado aproximar-se, mas você não os vê, porquanto seus olhos estão obscurecidos pelo ódio. Agora, meu irmão, surgiu a grande chance. Aproveite! Esqueça o passado!

O obsessor sensibilizou-se.

– Você tem certeza de que os reencontrarei?

– Fique tranquilo.

– O que devo fazer?

– Mentores espirituais conversarão com você e lhe prometo que em breve reencontrará a família. Rendamos graças a Deus, cuja misericórdia nos oferece infinitas oportunidades de reabilitação.

Em seguida orei, naquela evocação que parte do imo d'alma, réstia de amor quando nos sensibilizamos com as misérias alheias, rogando a Jesus amparasse aquele nosso irmão no seu propósito de renunciar à vingança.

O médium chorava, extravasando a emoção da entidade.

Mais uma vez o amor triunfara sobre o ódio.

A partir daquele dia a situação começou a mudar no lar do *ex-obsidiado*, livre da pressão do tenaz perseguidor.

Sempre imagino, amigo leitor, como seria maravilhoso se pudéssemos ter milhões de grupos mediúnicos, mundo afora, em condições de ajudar Espíritos perturbados e perturbadores que enxameiam em nosso mundo.

Teríamos prodigioso saneamento em nossa psicosfera, melhorando muito as condições de vida na Terra.

E pensar que muitos dirigentes espíritas desavisados eliminam práticas mediúnicas em suas casas!

Lamentável!

Negligenciam o aspecto sagrado do Espiritismo, que o distingue de outras religiões!

Jogam fora um abençoado recurso de ajuda para Espíritos encarnados e desencarnados.

Perdem maravilhosa oportunidade de colaborar com a Espiritualidade para uma *despoluição espiritual* do planeta.

***

Tanto para os que lidam com obsessores, quanto para nós outros que não raro somos vitimados por eles, é interessante lembrar um episódio evangélico em que os discípulos de Jesus tentaram afastar um Espírito que perseguia um menino, sem o conseguir.

Segundo o pai do menino, o Espírito parecia pretender sua morte, porquanto lhe provocava convulsões junto ao fogo e água, para matá-lo afogado ou queimado.

Uma pergunta para aqueles que, não aceitando a reencarnação, saem pela tangente, atribuindo essas influências a forças demoníacas:

– Por que o demônio estaria interessado em matar um garoto, filho de pai humilde, sem expressão no contexto social?

Com o Espiritismo aprendemos que certamente tratava-se de um perseguidor espiritual querendo vingar-se do garoto por males que ele lhe causara em pretérita existência. Vemos hoje o menino inocente, não vemos alguém comprometido com o mal no pretérito.

No episódio citado, em que os discípulos inutilmente tentaram socorrer o garoto, Jesus afastou o Espírito que o obsidiava e depois, respondendo a uma indagação dos discípulos, disse-lhes (Marcos, 9:29):

Espíritos desse tipo só podem ser afastados com jejum e oração.

Jejum, evidentemente, não de alimentos, mas de maus pensamentos, de sentimentos negativos, de vícios e impurezas.

Jesus explicava (Mateus, 15:18-19) que não é o que entra pela boca que contamina o homem. Ele é contaminado pelo que sai da boca, procedente do coração.

Diz Emmanuel, mentor espiritual de Chico Xavier, que nos momentos de invigilância, em que nos deixamos dominar por sentimentos negativos, cai nosso padrão vibratório e ficamos vulneráveis às influências espirituais inferiores.

Quanto à oração, não seria a mera reza, a repetição de palavras.

Jesus ensinava que devemos evitar vãs repetições (Mateus, 6:7-8), porquanto Deus sabe do que precisamos. Importante é buscar a sintonia com o Céu pelo cultivo de nobres realizações no Bem.

Com esse jejum e oração elevamos o nosso padrão vibratório, neutralizando a ação do perseguidor espiritual por falta de sintonia.

Acresça-se o fato de que nosso empenho nesse particular acabará por sensibilizá-lo.

Ninguém conseguirá agredir indefinidamente um desafeto que persista no Bem, esse posto avançado do Amor.

Quanto ao mais é lembrar com o apóstolo Paulo (Hb, 12:11) que somos rodeados por uma nuvem de testemunhas, Espíritos desencarnados.

Muitos são perturbados ou perturbadores, diante dos quais poderemos preservar nossa integridade espiritual, mantendo um padrão vibratório elevado, sustentado pelo empenho de renovação e a prática do Bem.

Lembrando ainda Paulo (Rm, 8:31):

Se Deus estiver conosco, quem estará contra nós?

Deus está sempre conosco.
Resta saber se estamos com Ele.

O amor no país dos sonhos

No capítulo XXI, de *O Evangelho segundo o Espiritismo*, reportando-se às realidades da vida além-túmulo, que a Doutrina Espírita desdobra com incomparável eficiência ao nosso olhar, diz o Espírito Luis, em manifestação recebida em Bordéus, em 1861:

Já podeis dar corpo a esses silfos ligeiros que vedes passar nos vossos sonhos e que, efêmeros, apenas vos encantavam o Espírito, sem coisa alguma dizerem ao vosso coração.

Silfos eram entidades mitológicas, seres elementares que ele evoca para reportar-se a uma característica dos sonhos: impressionam, não raro, mas não chegam a repercutir em nossa existência, até mesmo pela dificuldade em interpretá-los.

Richard Simonetti · 87

O Espiritismo nos permite aprofundar o assunto, a partir de uma revelação surpreendente: passamos praticamente um terço de nossa vida no Mundo Espiritual.

Se você chegar às noventa primaveras, amigo leitor, terá bisbilhotado por lá, enquanto dormia, durante perto de trinta anos.

Coelho Neto, o grande escritor brasileiro, dizia com propriedade que o sono é um mergulho na eternidade.

Parece estranho a quem não está familiarizado com o assunto, mas torna-se perfeitamente compreensível quando consideramos que, enquanto o corpo dorme refazendo energias, o Espírito afasta-se dele, deslocando-se pelas etéreas plagas dos poetas, em experiências que Kardec dizia na *erraticidade*.

Não temos uma estrutura cerebral com suficiente complexidade para registrar de forma clara e objetiva o que ocorre conosco durante esse trânsito. Guardamos conscientemente o que passa pelos cinco sentidos: olfato, tato, paladar, visão e audição.

Essa, diga-se de passagem, é uma das razões pelas quais não recordamos existências anteriores. Ao reencarnar recebemos um cérebro virgem, *zero quilômetro*, que constitui nossa personalidade e limita nossas percepções.

88 · Amor, Sempre Amor!

As lembranças das incursões noturnas, fora do corpo, são fragmentárias, *silfos ligeiros,* como destaca o manifestante.

***

O Espiritismo faculta-nos um entendimento melhor sobre o que acontece conosco enquanto estamos nos braços de Morfeu, o deus mitológico do sono.

Como se torna óbvio, quando estudamos o assunto à luz da Doutrina, nem todas as nossas lembranças oníricas registram atividades fora do corpo.

Oportuno considerar a existência de três tipos de sonhos: fisiológicos, psicológicos e espirituais.

Fisiológicos.

Exprimem algo que está acontecendo com o corpo enquanto dormimos.

O menino sonha que está fazendo xixi e acaba molhando os lençóis. Não fez xixi na cama porque sonhou; sonhou porque fez xixi na cama.

Noite fria, viramos no leito e nos descobrimos, sem acordar, sono profundo. O frio nos induz a sonhar que estamos a transitar num campo de gelo, tiritando. É o registro onírico de um incômodo físico.

Psicológicos.

Exprimem nossas preocupações nas atividades do cotidiano, os problemas, o relacionamento com as pessoas.

O homem que se vê dando um tiro na cara-metade que abusa dos gastos, não está vivenciando uma situação; apenas registrando, em sonho, o desejo inconsciente de conter as extravagâncias da metade cara.

A mulher que se vê traída pelo marido está apenas revestindo de imagens oníricas suas dúvidas quanto à fidelidade do referido.

Há um tipo especial de sonho psicológico, o *recorrente*. Reproduz, indefinidamente, uma experiência de impacto.

Alguém sonha com certa frequência que está numa caverna. Um terremoto provoca o desabamento e ele é soterrado.

Situação traumática que ocorreu na existência anterior.

E sempre que enfrenta problema difícil ou certa tensão, o trauma aflora e ele se vê na caverna a desabar.

Espirituais.

Exprimem o que fazemos no Além durante o sono. Quando há interferência de mentores espirituais ou obsessores, interessados na fixação de determinadas experiências, apresentam-se mais nítidos, bem delineados, não obstante as limitações a que nos referimos em relação à capacidade de nosso cérebro.

Na obsessão tendemos a imaginar um Espírito atazanando o obsidiado ao longo do dia.

Até pode acontecer, mas é preciso considerar que durante a vigília nos ocupamos com afazeres variados e fica mais difícil estabelecer sintonia com o obsessor, a não ser que o obsidiado concentre-se em suas preocupações e angústias, entrando, mentalmente, em circuito fechado.

Alguém que não consiga superar uma desilusão amorosa, revivendo ininterruptamente sua frustração, abre campo fértil para o envolvimento espiritual inferior. O obsessor pode até induzi-lo a cometer violências contra o ser amado que o abandonou, ou cogitar do suicídio, iniciativas que, infelizmente, ocorrem com frequência.

Mais facilmente durante o sono os obsessores envolvem as vítimas com ideias infelizes que, à maneira de sugestões pós-hipnóticas, repercutem em sua mente durante a vigília.

Um detalhe importante: os obsessores exploram sempre as fraquezas e falhas morais da vítima.

No livro *Libertação,* psicografia de Francisco Cândido Xavier, André Luiz reporta-se a um dirigente espírita que enfrentava problemas com doentio ciúme da esposa.

Comparecendo ao lar do casal, observou ambos afastando-se do corpo durante o sono, em roteiros diferentes, de conformidade com suas tendências.

Ele, muito lúcido, seguiu em companhia de amigos e mentores para algumas horas de aprendizado e trabalho no Mundo Espiritual.

Ela, perturbada, confusa, foi abordada por dois obsessores, que se apresentavam como seus mentores. E buzinavam em seus ouvidos falsas informações sobre o comportamento do marido, situando-o por adúltero, comprometido em relacionamentos promíscuos.

Ao acordarem, o marido estava bem; ela chorava infeliz, extremamente desajustada. Repercutia nela o encontro com falsos benfeitores a convencê-la da suposta infidelidade do marido.

***

Há problemas curiosos decorrentes de influências espirituais durante o sono.

Um homem sonhou que alguém tocara em seu braço, dando-lhe violenta torção.

Passou a sentir dores intoleráveis naquele membro.

Médico nenhum conseguia diagnosticar ou tratar, porquanto fisicamente não tinha nada.

O obsessor, durante as horas de sono, inoculara-lhe uma carga magnética deletéria, gerando a dor que o atormentava.

Submeteu-se ao tratamento com passes magnéticos. Após algumas aplicações, a carga deletéria foi dissolvida e o problema foi solucionado.

***

Um aspecto ponderável, amigo leitor: há sonhos espirituais premonitórios que nos preparam para o inevitável ou nos ajudam a enfrentar situações perigosas.

Aqui é preciso cuidado na interpretação, porquanto pode ocorrer uma dramatização onírica de nossos temores.

A esposa sonha que o marido sofreu um acidente na viagem programada.

Ela insiste que não viaje.

Ele insiste em viajar.

Vai e não acontece nada, porque o sonho apenas exprimiu as preocupações da esposa.

Seria possível ela sonhar com um acidente e este acontecer?

Richard Simonetti · 93

Para responder a essa questão vamos considerar como ocorre o sonho premonitório.

Na espiritualidade, durante as horas de sono, o Espírito pode ter uma visão ou ser informado do que está acontecendo e do que poderá acontecer.

Por exemplo:

Em Roma, Calpúrnia sonhou que estava sendo planejado o assassinato de seu marido, Júlio César (100-44 a.C.). Tentou evitar que comparecesse ao Senado. Ele insistiu em ir e acabou efetivamente assassinado por Brutus (81-43 a.C.).

Se seguisse a orientação da esposa, evitaria a tragédia. O sonho premonitório antecipava o que *poderia acontecer*, não o que *deveria acontecer*.

É razoável situar a informação colhida por Calpúrnia como uma orientação de amigos espirituais, procurando preservar César.

Abraham Lincoln (1809-1865), grande estadista americano, sonhou que fora assassinado e que estava sendo velado na Casa Branca.

Não considerou devidamente essa possibilidade e foi ao teatro naquela noite. Acabou sendo morto por um rebelde sulista.

Tanto a morte de César quanto a de Lincoln poderiam ser evitadas. Nenhum assassinato constitui fatalidade.

Isso está bem claro na questão 746, de *O Livro dos Espíritos:*

O assassínio é um crime aos olhos de Deus?
Sim, um grande crime, pois aquele que tira a vida ao seu semelhante corta uma existência de expiação ou de missão. *Aí é que está o mal.*

Não há por que ser diferente. Se um assassinato estivesse *escrito nas estrelas,* no *maktub* da cultura islâmica, o assassino estaria justificado como instrumento de Deus.

No caso da esposa preocupada com a viagem do marido, seria difícil antecipar um acidente, já que este envolve fatores imponderáveis e imprevisíveis, como uma colisão na estrada provocada pela imprudência de alguém.

Poderia, portanto, exprimir sua preocupação ou o aviso de algum mentor espiritual para que tomasse cuidado, fosse prudente.

Os sonhos premonitórios funcionam bem quando envolvem o futuro de uma comunidade decorrente de contingências da Natureza.

Um legítimo sonho premonitório foi do faraó, como está no livro *Gênesis*, capítulo 41, na Bíblia.

Sonho estranho em que sete vacas gordas eram devoradas por sete vacas magras e sete espigas cheias eram eliminadas por sete espigas miúdas.

José do Egito ganhou fama e a confiança do faraó ao interpretar, acertadamente, que o sonho representava sete anos de fartura para o país e sete anos de penúria. Portanto, era preciso preparar-se na fartura para os tempos de escassez, o que efetivamente aconteceu.

O leitor perguntará: por que o simbolismo?

O faraó, como ocorre com a maioria das pessoas, não tinha suficiente acuidade psíquica para uma visão e um registro mais objetivo das informações colhidas da espiritualidade.

Foram, digamos, codificadas e repassadas para sua visão consciente na forma de simbolismos que deveriam ser interpretados.

***

Diante de problemas a serem resolvidos, decisões a serem tomadas, as pessoas costumam dizer: *vou consultar o travesseiro.*

E sonham, vendo-se numa situação que é uma resposta às suas dúvidas. Não guardam com muita nitidez o sonho, não raro situado como um simbolismo pela dificuldade que temos para processar conscientemente as informações que colhemos.

No livro *Os Mensageiros,* psicografia de Francisco Cândido Xavier, André Luiz reporta-se ao encontro de uma jovem com sua avó desencarnada, durante o sono.

Ante uma situação difícil, em que ela se sentia caluniada e ameaçada, a avó procurou orientá-la, falando-lhe longamente quanto ao exercício da coragem para enfrentar seus problemas.

Enfatizou que a calúnia é como uma serpente ameaçadora, mas que, enfrentada sem temores, converte-se numa víbora de brinquedo a se quebrar como vidro ao impulso das mãos.

Um mentor espiritual informou a André Luiz que a jovem, ao despertar, não se lembraria da conversa com a avó, mas guardaria a imagem onírica de uma serpente ameaçadora que não passava de enfeite de vidro. Ficaria a essência daquela experiência, trazendo tranquilidade ao seu coração.

***

Importante observar, leitor amigo, que, além da falta de adequação do cérebro para o registro preciso das experiências no Mundo Espiritual durante as horas de sono, há o despreparo humano.

Raros cultivam uma existência voltada para os valores do Espírito. Em vasta maioria, os homens apegam-se ao domínio das sensações, vivem em função da matéria, envolvem-se com vícios e ambições.

Por isso transitam pela espiritualidade como sonâmbulos que falam e ouvem, à semelhança dos desencarnados presos aos interesses humanos, que se situam inconscientes da própria situação.

O preparo para um trânsito produtivo pela espiritualidade, durante o sono, é o mesmo que deve marcar nosso retorno à vida espiritual: acender o amor em nossos corações. Será a lanterna poderosa para não nos perdermos no *vale de sombras da morte,* como diz o salmista (Salmo 23).

Diga-se de passagem, a lanterna não é adquirida facilmente.

Exige cultivo do Bem e da Verdade, desapego dos interesses imediatistas, combate a vícios e ambições, comportamento disciplinado, exercício da oração, sempre com amor, o empenho de nos envolvermos com o que fazemos, buscando fazer o melhor.

Assim, serão iluminadas nossas incursões no Além durante o sono, com repercussões felizes em nossos estados de ânimo.

Igualmente feliz será nossa reintegração além-túmulo quando chegar a nossa hora.

98 · Amor, Sempre Amor!

O amor que renova

Christian Friedrich Samuel Hahnemann (1755-1843) foi o genial idealizador da Homeopatia, hoje reconhecida como especialidade médica em inúmeros países, inclusive no Brasil.

Suas fórmulas dinamizadas atuam no perispírito, onde se origina a maior parte dos males humanos, conforme nos ensina a Doutrina Espírita.

Tão notável foi esse missionário da Medicina, que conquistou a honra de participar da codificação da Doutrina Espírita, a partir das primeiras experiências de Kardec, em 1854, portanto apenas 11 anos após seu retorno à Espiritualidade.

Em 1863 Hahnemann transmitiu, em Paris, breve e importante mensagem, inserida no capítulo IX, de *O Evangelho segundo o Espiritismo,* que transcrevo para apreciação do leitor:

Segundo a ideia falsíssima de que não lhe é possível reformar a sua própria natureza, o homem se julga dispensado de empregar esforços para se corrigir dos defeitos em que de boa vontade se compraz, ou que exigiriam muita perseverança para serem extirpados.

É assim, por exemplo, que o indivíduo, propenso a encolerizar-se, quase sempre se desculpa com o seu temperamento.

Em vez de se confessar culpado, lança a culpa ao seu organismo, acusando a Deus, dessa forma, de suas próprias faltas. É ainda uma consequência do orgulho que se encontra de permeio a todas as suas imperfeições.

Indubitavelmente, temperamentos há que se prestam mais que outros a atos violentos, como há músculos mais flexíveis que se prestam melhor aos atos de força.

Não acrediteis, porém, que aí resida a causa primordial da cólera e persuadi-vos de que um Espírito pacífico, ainda que num corpo bilioso, será sempre pacífico, e que um Espírito violento, mesmo num corpo linfático, não será brando; somente a violência tomará outro caráter.

Não dispondo de um organismo próprio a lhe secundar a violência, a cólera tornar-se-á concentrada, enquanto no outro caso será expansiva.

O corpo não dá cólera àquele que não a tem, do mesmo modo que não dá os outros vícios.

Todas as virtudes e todos os vícios são inerentes ao Espírito. A não ser assim, onde estariam o mérito e a responsabilidade?

O homem deformado não pode tornar-se direito, porque o Espírito nisso não pode atuar; mas, pode modificar o que é do Espírito, quando o quer com vontade firme.

Não vos mostra a experiência, a vós espíritas, até onde é capaz de ir o poder da vontade, pelas transformações verdadeiramente miraculosas que se operam sob as vossas vistas?

Compenetrai-vos, pois, de que o homem não se conserva vicioso, senão porque quer permanecer vicioso; de que aquele que queira corrigir-se sempre o pode.

De outro modo, não existira para o homem a lei do progresso.

Hahnemann aborda uma questão vital: o temperamento, o conjunto dos traços psicológicos e morais que determinam a índole do indivíduo, a sua maneira de ser.

Por não aceitar a existência do Espírito, o ser pensante que sobrevive à morte do corpo, as ciências médicas e psicológicas tendem a situar o temperamento como fruto de condições orgânicas.

A agressividade, a depressão, o suicídio, os transtornos mentais, os vícios, estariam relacionados com disposições neurocerebrais, como uma programação biológica a influir nas iniciativas individuais.

Até os deslizes extraconjugais entrariam nesse rol de calamidades atribuídas à biologia. Segundo alguns cientistas, visando à perpetuação da espécie, nossos genes controlariam nossas ações, induzindo-nos ao adultério, visto que, quanto maior a promiscuidade, maior a possibilidade de gerar prole numerosa.

Imagine, leitor amigo, a defesa para o adúltero processado pela mulher que deseja o divórcio:

– Senhor juiz, não tenho culpa! São os genes que me atormentam! Induzem-me a prevaricar!

No fundo tudo estaria relacionado com a genética, explicando até comportamentos antissociais, como roubo, assalto, assassinato, suicídio...

Diante do delegado:

– Ah! Doutor, eu não queria ser assaltante, mas é incontrolável, está na minha natureza. Das profundezas de meu cérebro os neurônios repetem: – Roubar! Roubar! Roubar!

Algo semelhante com o comportamento vicioso.

Pretendem alguns cientistas que o *bebum* tem na estrutura cerebral determinada área ativada, a estimular a tendência para o vício.

Reclama o alcoólatra:

– Meu cérebro é uma *esponja etílica!* Se não o encharco de *água que passarinho não bebe*, não me dá sossego!

***

Hahnemann adverte que tais raciocínios são equivocados.

O temperamento é um atributo do Espírito.

E ainda que haja no corpo determinado arranjo genético que possa exercer certa influência, é efeito, não causa.

O corpo não determina; apenas exprime.

É o espelho do Espírito.

O mesmo acontece com relação às doenças, que geralmente refletem problemas espirituais.

No Espírito estão as causas mais frequentes de nossos desajustes físicos e psíquicos.

A depressão, por exemplo, pode ter um componente genético, mas a origem do mal está no Espírito que, ao reencarnar, imprime na estrutura física algo de sua maneira de ser, resultante das experiências do pretérito, combinando no automatismo reencarnatório elementos hereditários compatíveis.

Devemos, sim, tratar dos efeitos no corpo, buscando a Medicina da Terra.

Mas é preciso, sobretudo, tratar das causas no Espírito, buscando a Medicina do Céu.

***

O livro básico da homeopatia, vanguarda da medicina da Terra, é o *Organon da arte de curar,* de Hahnemann.

O tratamento é sintomático, isto é, o medicamento relaciona-se com um conjunto de sintomas apresentados pelo paciente.

Por exemplo:

Incômodos produzidos pela exposição ao ar frio e seco ou suspensão da transpiração por golpes de vento frio: Aconitum Napellus.

Febres intermitentes hepáticas ou gastrintestinais com acesso à tarde. Pele com erupção rugosa e espessa: Apis Mellifica.

Boca amarga. Gastrite crônica, com dilatação do estômago: Nux vomica.

No Evangelho temos o *Organon da arte de curar o Espírito.*

Pela sua complexidade, a prescrição dos medicamentos homeopáticos exige a presença do profissional habilitado.

Pela sua simplicidade, a definição dos medicamentos evangélicos exige apenas um pouco de boa vontade, no sentido de estudar seus princípios e a disposição em aplicá-los no cotidiano.

Com um pouco de treino podemos, num primeiro momento, identificar as origens, a etiologia de determinados sentimentos que, por sua vez, poderão repercutir no corpo, gerando males correspondentes.

Em seguida, buscar o Evangelho.

Exemplos:

• Dificuldade para orar em momentos de tensão.

Origem: propensão à agressividade e ao cultivo de ressentimentos.

Prescrição evangélica (Mateus, 5:23-24):

Portanto, se trouxeres a tua oferta ao altar, e aí te lembrares de que teu irmão tem alguma coisa contra ti, deixa diante do altar a tua oferta, vai primeiro reconciliar-te com teu irmão, depois vem, e apresenta a tua oferta.

Como esperar que Deus nos atenda os reclamos, se vivemos às turras com Seus filhos?

• Transtornos de convivência familiar.
Origem: cônjuge difícil, filhos rebeldes.
Prescrição evangélica (Mateus, 18:22):

Perdoar, não apenas sete vezes, mas setenta vezes sete.

Quando, sem cansar, perdoamos as indelicadezas e ofensas dos familiares, no cultivo da compreensão, não há penumbra na alma.

• Sentimentos de frustração e desânimo.
Origem: vida complicada, desemprego, dívidas...
Prescrição evangélica (Mateus, 6:33-34):

... buscai primeiro o Reino de Deus e a sua justiça, e todas estas coisas vos serão acrescentadas.
Portanto, não andeis ansiosos pelo dia de amanhã, pois o amanhã se preocupará consigo mesmo.
Basta a cada dia o seu próprio mal.

Buscar o Reino é cultivar com perseverança os valores do Bem e da Verdade, dispostos a enfrentar os desafios da existência sem nunca desanimar, com a consciência de que Deus nos reserva o melhor.

• Pensamentos infelizes, angústia existencial.
Origem: influências espirituais.
Prescrição evangélica (Mateus 26:41):

Vigiai e orai, para que não entreis em tentação; na verdade, o espírito está pronto, mas a carne é fraca.

Não somos naturalmente tranquilos e felizes. Pesam sobre nós os comprometimentos da animalidade inferior. Exercitar o Bem, amar o semelhante, fórmulas de felicidade, exigem muito empenho de nossa parte, quase um contrariar a própria natureza.

A carne é fraca, como diz Jesus, reportando-se ao comportamento instintivo. Daí a necessidade de vigiar nossos pensamentos e tendências com rigor, apelando para a oração sempre que o que pensarmos estiver em desacordo com o que pensa Jesus.

• Irritação crônica.
Origem: espírito crítico, envolvendo o comportamento alheio, o governo, a família, a sociedade…
Prescrição evangélica (Mateus, 7:1-5):

Não julgueis para que não sejais julgados.
Pois com o juízo com que julgardes sereis julgados, e com a medida com que tiverdes medido, hão de vos medir.

Richard Simonetti · 107

Por que reparas no cisco que está no olho do teu irmão, mas não percebes a trave que está no teu?

Ou como dirás a teu irmão: deixa-me tirar o cisco do teu olho, estando uma trave no teu?

Hipócrita, tira primeiro a trave do teu olho, e então verás claramente para tirar o cisco do olho do teu irmão.

Avaliar o comportamento alheio, detendo-se em supostos aspectos negativos, é vinagre no coração.

Perguntemos a nós mesmos: no lugar daqueles que criticamos não faríamos igual ou pior?

***

Há a história daquele paciente que reclamava ao médico homeopata que os medicamentos não estavam surtindo efeito.

– O senhor está tomando os remédios, de acordo com a prescrição?

– Não exatamente – respondia o paciente com uma evasiva, a significar que ele simplesmente não seguia a receita.

Parecia-lhe cansativa a disciplina de tomar os medicamentos nos horários determinados.

Algo semelhante acontece com o *Organon do Céu*.

As pessoas reclamam que as prescrições de Jesus para os males da alma não estão funcionando porque se esquecem de aplicá-las à própria vida.

É como ter o remédio em casa, sem usá-lo.

Ao contrário dos medicamentos de Hahnemann, que têm hora determinada para serem ingeridos, os medicamentos de Jesus pedem uso contínuo, em todos os momentos, chamados que somos à vivência de seus princípios.

Um detalhe importante:

Na homeopatia existe o chamado *medicamento de fundo,* aquele que seria básico para o paciente, atendendo às características de sua personalidade.

No *Organon do Céu* também há uma prescrição dessa natureza, mas de caráter universal, medicamento básico que serve para todos nós e que deve ser usado permanentemente, como recurso maior em favor de nosso bem-estar.

Recomendação de Jesus (João, 13:34):

Um novo mandamento vos dou: Que vos ameis uns aos outros; como eu vos amei a vós, que também vós uns aos outros vos ameis.

110 · *Amor, Sempre Amor!*

O amor do meio

Desde Freud, as doutrinas psicológicas aprofundam a ideia de que é preciso cuidar da mente, pôr ordem na casa mental para que sejamos felizes.

De fato, pensamento ajustado é o caminho para que vivamos em paz, ainda que convivendo com problemas e dificuldades, dores e dissabores.

O Espiritismo nos ajuda nesse particular, oferecendo-nos explicações claras e objetivas sobre os porquês da Vida, no contexto de família, profissão, sociedade, saúde...

Tudo tem sua razão de ser.

Familiares difíceis são testes de paciência.

Doenças e limitações físicas são válvulas de escoamento de impurezas espirituais.

Dificuldades profissionais são desafios.

Tudo obedece a mecanismos de causa e efeito, em que colhemos hoje o que semeamos ontem. Se não identificamos nesta existência nada que justifique nossos dissabores, certamente haverá algo em vidas anteriores.

Delas não nos recordamos para evitar uma superposição de experiências passível de nos confundir e perturbar.

***

Em *O Evangelho segundo o Espiritismo,* capítulo VIII, Kardec comenta os três estágios em que podemos nos situar, de acordo com nossas cogitações íntimas, exprimindo os impulsos do coração.

Há aquele que sequer concebe a ideia do mal.

Não julga, não critica, não cobiça, não inveja, não se exalta, não se mortifica...

Só cogita do Bem.

É o amor *voltado para fora,* sob inspiração do altruísmo.

Dizia Mahatma Gandhi (1869-1948) que nunca perdoou seus adversários, simplesmente porque nada tinha a perdoar. Jamais se sentira ofendido. É preciso ter muito amor no coração para agir assim.

São dele estes pensamentos genuinamente cristãos, em favor de um Mundo melhor:

O Amor é a força mais abstrata, e também a mais potente que há no Mundo.

O ahimsa (amor) não é somente um estado negativo que consiste em não fazer o mal, mas também um estado positivo que consiste em fazer o bem a todos, inclusive a quem faz o mal.

Só podemos vencer o adversário com o amor, nunca com o ódio.

A única maneira de castigar a quem se ama é sofrer em seu lugar.

Madre Teresa de Calcutá (1910-1997), a extraordinária missionária do Cristo, cuja vida foi um hino ao amor fraterno, no empenho de servir, explicava:

Se você julga as pessoas, não tem tempo para amá-las.

O senhor não daria banho num leproso nem por um milhão de dólares? Eu também não. Só por amor se pode dar banho num leproso.

A falta de amor é a maior de todas as pobrezas.

O importante não é o que se dá, mas o amor com que se dá.

Quando Espíritos como Gandhi e Tereza de Calcutá reencarnam, jamais passam despercebidos, ainda que sem nenhuma pretensão de destaque.

O *amor voltado para fora*, a capacidade de só pensar no Bem e só realizar o Bem, são luzes poderosas.

Impossível ignorá-las!

***

No extremo oposto, os que só veem o mal.

É o amor *voltado para dentro,* sob inspiração do egoísmo.

Alguns exemplos:

- O indivíduo empolgado por fantasias eróticas, sempre disposto a assediar o sexo oposto.

- A jovem interessada em seduzir um milionário incauto, no tradicional *golpe do baú*.

- A mulher que cultiva forte ressentimento contra o marido que dela se separou, maquiavelizando vingança.

- O subordinado que odeia seu superior, sorrindo-lhe com os lábios, amaldiçoando-o com o pensamento.

- O político que cogita de negociatas para enriquecer ilicitamente.

- O homem comum sempre disposto a exercitar o *jeitinho brasileiro* para tirar vantagem em alguma atividade.

Pessoas assim fixam-se tanto em seus devaneios que acabam influenciadas por Espíritos inferiores que exacerbam seus sentimentos e as levam a um comportamento comprometedor.

***

Entre esses dois extremos, na exposição de Kardec, situa-se o religioso que leva a sério seus princípios e que, não obstante experimentar impulsos o para mal, os combate com veemência, travando intensa luta íntima.

É o *amor do meio*, erguendo-se do egoísmo, a caminho do altruísmo.

Suponho que você, amigo leitor, não está na faixa de um Gandhi ou de uma Madre Teresa, o *amor voltado para fora*.

Certamente também não se situa no extremo oposto, *o amor voltado para dentro,* ou não estaria interessado nesta leitura.

Acredito que você, como eu, estamos ensaiando o *amor do meio.*

Trânsito difícil. Temerário afirmar:

– A partir de agora, somente bons pensamentos terão acesso à minha tela mental.

Dizem os mentores espirituais que contra as gotas de luz do presente há oceanos trevosos do passado.

E o apóstolo Paulo afirma (Rm, 7-19):

Pois não faço o bem que quero, mas o mal que não quero, esse faço.

Não há mágica capaz de eliminar de pronto esse aspecto negativo de nossa personalidade, mas é preciso insistir nos bons propósitos.

Diz Jesus (Mateus, 24-13):

Aquele que perseverar até o fim será salvo.

Entenda-se aqui a salvação não no sentido escatológico, de destino final, porquanto, ainda que demande milênios sem conta, seremos todos Espíritos puros e perfeitos, habilitados à felicidade em plenitude, em plena harmonização com a vida universal.

Somos filhos de Deus, que nos criou para a perfeição e lá chegaremos mais cedo ou mais tarde, porquanto essa é a Sua vontade soberana, que não falha jamais.

A perseverança nos bons propósitos vai nos salvar de nós mesmos, de nossas tendências inferiores, de nossos maus pensamentos, favorecendo um caminhar tranquilo e seguro, rumo à gloriosa destinação.

Digamos que no atual estágio evolutivo o pensamento é como um potro rebelde que se recusa a permanecer nos limites da pastagem. É tentadora a paisagem além, nos desvios de comportamento.

A solução para *domar* o pensamento é o treinamento, a insistência, a perseverança…

Richard Simonetti · 117

Hoje, alguns minutos; amanhã um pouco mais, e sempre mais, até chegarmos à plenitude do tempo.

A auxiliar-nos nesse propósito, o Evangelho.

Estudar as lições de Jesus em profundidade, de forma a que possamos considerar, no desdobramento das horas, ante os pensamentos que surgem:

– Pensaria assim Jesus?

Se a resposta for negativa, será oportuno mudar o pensamento.

Nesse propósito, dois recursos maravilhosos:

• A oração. Buscar Jesus.

Se o pensamento se transvia, a oração o trará de volta ao bom senso.

Em princípio haveremos de chamar por Jesus o tempo todo, exprimindo nossa incapacidade de manter o pensamento reto.

Com perseverança, o chamaremos sempre menos, à medida que, superando nossas mazelas, estivermos cada vez mais perto dele.

• O Bem. Vivenciar Jesus.

O sacrifício dos interesses pessoais em favor do próximo, a marca inconfundível dos discípulos autênticos, é a tranca inviolável com a qual fechamos nossa intimidade às incursões do mal.

Resumindo, leitor amigo, situemos a casa mental como um jardim necessitado de cuidados.

É preciso retirar pedras e ervas daninhas do *amor voltado para dentro,* com o empenho de cultivar o *amor do meio.*

Semear o Bem com tanto empenho que transborde em nós, a derramar-se em *amor para fora,* habilitando-nos a florida e perfumada moradia mental, onde sempre estarão presentes a alegria, a harmonia e a paz.

Côvado - *Antiga medida de cumprimento, equivalente a três palmos.*

O amor equivocado

No capítulo 5, versículos 27 e 28, do Evangelho de Mateus, em *O Sermão da Montanha,* diz Jesus:

Aprendeste que foi dito aos antigos:
"Não cometereis adultério."
Eu, porém, vos digo que aquele que houver olhado uma mulher, com mau desejo para com ela, já em seu coração cometeu adultério com ela.

Abordando o assunto em *O Evangelho segundo o Espiritismo,* capítulo VIII, Allan Kardec comenta que o termo adultério não deve ser entendido apenas na acepção comum de um relacionamento extraconjugal, tipo matriz e filial, mas no sentido mais amplo, estendendo-se a toda ação ou pensamento desonesto que contraria as regras de bem viver.

Alguns exemplos:

• Adulterar um documento.
Falsificar a assinatura ou dados nele contidos.

• Adulterar uma informação.
Divulgar boatos como fatos.

• Adulterar a gasolina.
Acrescentar substância líquida de valor inferior.

• Adulterar uma religião.
Passar informações falsas sobre seus princípios.

• Adulterar um acontecimento.
Distorcer a realidade.

Kardec detém-se na intenção.

O pensar em fazer algo errado, cultivando a ideia e só não a concretizando por falta de oportunidade ou impossibilidade.

A esse propósito vale lembrar a história daquele passageiro de um ônibus que observava, no banco da frente, bela jovem e um rapaz que se sentou ao seu lado.

Descontraído, o moço logo puxou conversa.

122 · Amor, Sempre Amor!

Em breves momentos, com a objetividade petulante da juventude mal formada, convidou-a para um *programa*.

Habituada a investidas dessa natureza, ela disse não.

Ele, irreverente, propôs pagar pela aventura.

Ela ficou indignada.

Ele ofereceu quantia razoável.

Ela ficou furiosa.

Ele sugeriu elevada quantia.

Ela balançou...

Era muito dinheiro! Virtude vacilante, aceitou a proposta indecente.

O rapaz disse-lhe que, para não dar na vista, já que morava naquele bairro e era casado, ela desceria na próxima parada e o esperaria na porta de um supermercado. Ele desceria na seguinte, sacaria o dinheiro no Banco e voltaria.

Assim foi feito. A jovem desceu, mas ele não cumpriu sua própria orientação. Permaneceu no ônibus.

O passageiro, que tudo observava, ficou indignado e o abordou, questionando:

– Como você teve coragem de tentar a jovem e deixá-la a ver navios?

O rapaz suspirou:

Richard Simonetti · **123**

– Ah! É para o senhor ver como perco bons programas por não ter dinheiro!

Kardec levanta uma questão:

Sofrem-se os efeitos de um pensamento mau, embora nenhum efeito produza?

O rapaz seduziu a jovem com dinheiro e só não concretizou seu propósito por não tê-lo.

A jovem pretendeu receber boa quantia, em prostituição de ocasião, e só não o fez porque o rapaz a enganou.

Ainda que, em princípio, más intenções não tenham consequência, podem gerar prejuízos para seu autor?

O Codificador argumenta que alguém que pretenda algo de mau e só não o concretiza por falta de ensejo, é tão culpado quanto se o fizesse.

Bem de acordo com o velho ditado:

Os homens julgam a ação.
Deus julga a intenção.

Considerando que, em face de nossas imperfeições, esbarramos, diariamente, em pensamentos infelizes de cobiça, inveja, ciúme, irritação, ressentimento, vício e tudo o mais de ruim que se passa na cabeça humana, como seriam aplicadas as sanções divinas?

Imaginemos prepostos do Todo-Poderoso a digitar num computador celeste os maus pensamentos para serem aplicadas penalidades correspondentes.

Quando nos convocassem para o Além, ouviríamos dos promotores da justiça divina o relato de nossas defecções, algo mais ou menos assim:

Em vinte e três mil, novecentas e quarenta e três vezes olhou alguém do sexo oposto com pensamentos libidinosos.

Em quatorze mil, duzentas e noventa e oito vezes fez juízos apressados sobre o comportamento alheio, nas asas da maledicência.

Em duas mil, trezentas e noventa e nove vezes pensou em esganar a esposa, ao conferir o extrato bancário da conta conjunta.

Em doze mil, novecentas e trinta e cinco vezes cogitou em livrar-se de uma situação difícil exercitando a mentira.

Em vinte e duas mil, quatrocentas e noventa e duas vezes olhou para a sogra desejando que o diabo a levasse.

Ainda que não consumados, a sentença para esses *pecados* por pensamentos seria um estágio depurador no umbral, o purgatório espírita, por tempo compatível com a natureza e montante deles.

E os genros que cultivassem hostilidade em relação às sogras teriam a companhia delas se as referidas para lá merecessem ir.

***

Aprendemos com o Espiritismo que não é bem assim.

Não há marcadores celestes para os pecados terrestres.

Oportuno lembrar a característica fundamental de nossa personalidade, que define nossa condição de filhos de Deus, criados à sua imagem e semelhança: o poder criador, exercitado pelo pensamento.

O Pensamento Divino criou o Universo, com todas as manifestações de vida, e lhes dá sustentação.

Com nosso pensamento edificamos o universo íntimo, que pode ser calmo ou tempestuoso, equilibrado ou caótico, de conformidade com a natureza de nossos sentimentos.

Sentimentos maus, turbulência em nós.

Sentimentos bons, equilíbrio preservado.

***

Assim concebendo, dá para entender que não há uma interferência divina para o comportamento irregular.

Deus não castiga ninguém.

Nós mesmos nos castigamos quando não usamos adequadamente a vocação de pensar, como um motorista imprudente que se envolve num acidente.

Tristezas, angústias, depressões, doenças variadas, infelicidade, tensões, é tudo fruto do uso indevido de nosso poder criador.

Frequentemente nos deparamos com pessoas atormentadas, tristes, acabrunhadas, desanimadas, a reclamar da vida, que nada dá certo em seu caminho, que os familiares não as entendem, que não se realizam profissionalmente, que o casamento não está bem...

A tendência é culpar alguém, o destino, a Vida...

Há até quem culpe Deus!

E ainda acham que sua existência está complicada por influências de maus espíritos, que querem sua derrocada.

Ignoram que são dotadas do poder criador e que seus problemas surgem e subsistem a partir de uma desordem em sua vida mental, em sua maneira de pensar.

***

Familiares difíceis, limitações físicas, frustrações profissionais, influências espirituais, tudo isso faz parte da periferia de nossa alma, e não terá o condão de nos desajustar se interiormente estivermos bem.

Se ruge o temporal, se sopram ventos de adversidade, se o clima é frio, nada disso nos afetará se estivermos bem abrigados.

Se cultivamos bons pensamentos, se a nossa visão do Mundo é equilibrada, confiantes em Deus e em nós mesmos, sem cogitações adulterinas, nada terá a capacidade de nos desajustar.

Nesse particular, é insuperável, inspiração suprema para todos os manuais de autoajuda, a observação de Jesus (Mateus, 6:22-23):

Teus olhos são a lâmpada do corpo.

Se os teus olhos forem bons, todo o teu corpo terá luz.

Se, porém, os teus olhos forem maus, todo o teu corpo estará em trevas.

Portanto, se a luz que em ti há são trevas, quão grandes serão essas trevas.

Um adendo, amigo leitor:

O cérebro costuma ser comandado pelo coração.

Nossa maneira de ver está, em grande parte, subordinada à maneira de sentir.

Por exemplo: se sinto ódio de uma pessoa, povoarei minha mente de ideias negativas, visão escura.

Se a amo de verdade, só bons pensamentos terão acesso à casa mental, visão iluminada.

Por isso, sempre melhor amar, jamais odiar.

Inteligente querer o bem, nunca deixar-se arrastar pelo mal.

130 · Amor, Sempre Amor!

O amor de verdade

O cachorro estava com câncer terminal. Sofria muito.

O veterinário falou em sacrificá-lo.

Aqui, amigo leitor, abro parêntesis para considerar a questão da eutanásia, a chamada *morte branda,* com o que se pretende evitar a cacotanásia, a morte em meio a grandes padecimentos.

Todas as religiões, incluindo o Espiritismo, lhe são frontalmente contrárias. A razão é elementar: se a vida procede de Deus, somente o Criador tem o direito de eliminá-la.

Seguindo essa linha de raciocínio, por que, em se tratando de um animal, deveríamos outorgar aos donos o direito de decidir quando deve deixar de viver?

Fala-se em misericórdia.

Coitado! Sofre tanto!

Argumento infundado! Evocando-o, poderemos, pelo mesmo motivo, abreviar os sofrimentos de um familiar, paciente terminal.

Outra alegação: o moribundo com dores atrozes cumpre um carma. Cachorro não tem dívidas a pagar. Não precisa sofrer para morrer...

Mas quem pode dizer que não há razão para os sofrimentos de um animal? Será que Deus errou?

A Doutrina Espírita ensina que as dores que enfrenta o princípio espiritual que anima um ser inferior da criação aceleram o desenvolvimento de suas potencialidades, ajudando-o a desenvolver a complexidade que lhe permitirá transformar-se em ser pensante.

Seria a dor evolução.

Deus não faz nada por mero diletantismo. Tudo tem uma razão de ser.

Fecho parêntesis.

Sugestão aceita, a família observou o veterinário a aplicar o anestésico fulminante no animal.

Depois conversavam, questionando a brevidade da existência dos cães, que bem poderiam viver mais tempo.

O filho, uma criança de quatro anos, que tudo ouvia, disse:

– Eu sei por que os cachorros vivem pouco...

Para surpresa de todos, explicou:

– Mamãe diz que pessoas nascem para aprender a ser boas, a amar todo mundo. Não é isso mesmo?

– Sim, meu filho.

E o menino:

– Os cães já nascem sabendo como fazer isso, portanto não precisam viver tanto tempo...

Sábio menino!

Faz-me lembrar a diferença entre o cão e o homem.

Se você fechar, por horas, um cachorro no porta-malas de um carro, ao libertá-lo ele lhe fará festas, amigavelmente.

Se fizer o mesmo com um homem, terá um inimigo feroz.

***

Se tivermos de definir o que estamos fazendo na Terra, qual o objetivo primordial da existência humana, responderíamos, com o menino, que estamos aqui para aprender a exercitar aquela que é a lei maior do Universo – o Amor.

Isso não é novidade. Desde as culturas mais remotas temos sido instruídos nesse sentido.

E Jesus, o orientador maior que a Humanidade já recebeu, enfatizou, quando lhe perguntaram qual o mandamento maior da lei mosaica (Mateus, 22:38-40):

Amarás o senhor teu Deus de toda tua alma, de todo teu coração, de todo o teu entendimento, e ao próximo como a ti mesmo. Esses dois mandamentos resumem a lei e os profetas.

Importante considerar que antes de amar o semelhante é preciso aprender a respeitá-lo em seus direitos e necessidades.

Foi exatamente isso que nos ensinou Moisés, com a Tábua dos Dez Mandamentos, onde está registrado o que não devemos fazer: não matar, não roubar, não trair, não mentir, não cobiçar… Considerar que nossos direitos terminam onde começam os direitos do próximo.

Diríamos que não fazer ao próximo o que não queremos para nós, na senda da Justiça, é o primeiro passo para que aprendamos a fazer ao próximo o que queremos para nós, no caminho do Amor.

***

O Espiritismo nos convida a refletir sobre o assunto, analisar mais, ampliar o entendimento sobre o Amor, a partir do conceito de que amar de verdade é pensar no outro, no seu bem-estar.

Não é um favor. Trata-se de algo indispensável para que possamos sustentar nossa integridade como filhos de Deus, habilitando-nos ao equilíbrio e à paz onde estivermos.

Nos serviços de atendimento fraterno deparamo-nos, frequentemente, com problemas de relacionamento no lar, principalmente entre marido e mulher.

Na opinião dos entrevistados, a culpa é sempre do cônjuge, sem se levar em consideração que quando um não quer dois não brigam e que se um dos dois dispuser-se a cumprir o Evangelho, exercitando Amor, as arestas poderão ser superadas, favorecendo um relacionamento melhor.

Oportuno, nesse particular, considerar como as pessoas gostariam de ser amadas.

A propósito, lembro um maravilhoso poema de Elizabeth Barrett Browning (1806-1861), famosa poetisa inglesa, dedicado ao seu marido, Robert Browning (1812-1889), tradução de Manuel Bandeira (1886-1968):

Ama-me por Amor do Amor somente.
Não digas: "Amo-a pelo seu olhar,
O seu sorriso, o modo de falar
Honesto e brando. Amo-a porque se sente

Minh'alma em comunhão constantemente
Com a sua"; Porque pode mudar
Isso tudo, em si mesmo, ao perpassar
Do tempo, ou para ti unicamente.

Nem me ames pelo pranto que a bondade
De tuas mãos enxuga, pois se em mim
Secar, por teu conforto, esta vontade

De chorar, teu Amor pode ter fim!
Ama-me por Amor do Amor, e assim
Me hás de querer por toda a eternidade.

Consciente ou inconscientemente, as pessoas não querem ser amadas apenas por suas virtudes.

Precisam ser amadas, apesar de seus defeitos.

Não querem receber o Amor como um favor.

Precisam do Amor como uma entrega.

Enfim, querem ser amadas *por Amor do Amor somente*, como enfatiza Elizabeth.

É uma ideia que merece reflexão.

Cônjuges dizem que deixaram de amar porque o príncipe ou princesa transformou-se num sapo.

Talvez isso tenha ocorrido porque o trataram como o próprio, sempre apontando mazelas e imperfeições, implicando, contestando, exigindo, brigando...

Não amaram por amor do Amor.

Amaram como quem aprecia um doce.

E deixaram de amar porque estavam saciados ou porque, em sua opinião, o doce azedou.

***

No livro *Nosso Lar,* psicografia de Francisco Cândido Xavier, André Luiz reporta-se à impressionante iniciativa de sua mãe, nobre Espírito que morava em planos mais altos.

Recebendo sua visita, André Luiz espantou-se quando ela lhe disse que pretendia reencarnar para ajudar o esposo. Na última existência ele passara a ideia de alguém ligado à religião e às tradições de família, mas no fundo fora um fraco, que mantivera ligações clandestinas com duas mulheres, fora do lar.

Retornando todos ao Mundo Espiritual, vira-se dominado por elas, com as quais sintonizava, neutralizando todos os recursos de auxílio que a esposa mobilizava em seu benefício.

O retorno à carne seria a solução ideal. Reencarnariam todos. Ela voltaria a tê-lo como marido e receberia as duas infelizes como suas filhas.

E após explicar a André Luiz a necessidade de cultivar o Amor, para soerguer as almas do lodo e das trevas, disse:

E mais tarde... quem sabe? Talvez regresse ao nosso plano cercada de outros afetos sacrossantos, para uma grande festa de alegria, Amor e união.

E André Luiz termina a narrativa do episódio, dizendo:

Desde aquela hora, minha mãe não era apenas minha mãe. Era muito mais que isso. Era a mensageira do Amparo, que sabia converter verdugos em filhos do seu coração, para que eles retomassem o caminho dos filhos de Deus.

Sim, leitor amigo, Espíritos assim conseguem converter sapos em príncipes e princesas, porque amam por amor do Amor somente.

O amor que presenteia

Informa o evangelista Mateus (2:1) que vieram uns magos do Oriente a Jerusalém.

A tradição evangélica os situa como *reis* e os nomeia Belchior, Baltazar e Gaspar.

Guiados por uma estrela, vinham homenagear o mensageiro divino, que chegara pela porta da humildade, nascendo numa estrebaria. Iniciava a jornada ensinando que o caminho para Deus passa, necessariamente, pela simplicidade e o despojamento das vaidades humanas.

Traziam presentes: ouro, incenso e mirra.

Três símbolos:

O ouro, a realeza de Jesus.

O incenso, sua elevada espiritualidade.

A mirra (usada para embalsamar cadáveres), o sacrifício da própria vida, a fim de nos mostrar os caminhos para Deus.

A iniciativa foi a base para que se estabelecesse, nos séculos que se sucederam ao advento do Cristianismo, a tradição de presentear no Natal. Infelizmente, desvirtuada pelos interesses comerciais, transformou-se em obrigação.

Não oferecer os indefectíveis mimos aos familiares é quase uma ofensa. Ninguém se sente feliz se não recebê-los, particularmente as crianças.

O ideal seria lembrar o aniversariante.

Se a missão de Jesus foi nos ensinar os caminhos do Amor, que tal, amigo leitor, oferecer-lhe três amorosos presentes, à semelhança dos magos, envolvendo empenho por seguir-lhe os passos?

***

O primeiro presente de amor: o bom ânimo.

Evangelho significa boa nova.

É maravilhosa a notícia transmitida por Jesus!

Deus, o Criador, o Senhor todo poderoso, é nosso pai de infinito amor e misericórdia, a trabalhar, incessantemente, pela felicidade de seus filhos.

Com um *paizão* assim não há por que ter medos, dúvidas, angústias, tormentos...

Estamos desempregados?
Deus nos ajudará a encontrar uma ocupação com que prover a subsistência.

Trazemos o coração partido pelo relacionamento afetivo que não deu certo?
Se juntarmos os pedaços, dispostos a seguir em frente, Deus o restaurará com perfeição, sem marcas.

Estamos doentes?
Conscientes da proteção divina enfrentaremos com serenidade o mal, reconhecendo as funções educativas da enfermidade, que depura e sensibiliza a alma.

Mesmo ante as perspectivas de constrangimentos dolorosos, impostos pela Vida, no desdobramento de nossas provações, o bom ânimo é valioso testemunho de confiança em nosso Pai Celeste.
É tão estranho alguém que acredita em Deus estar *na fossa,* quanto se dizer torturado pela sede alguém a nadar num lago de águas cristalinas.

***

O segundo presente de amor: o bom humor.

Exprime-se na capacidade de cultivar o sorriso, mesmo em situações difíceis. Melhor se consegue rir de si mesmo. Quem o faz jamais será infeliz.

Um homem dotado dessa virtude enfrentou grave problema circulatório.

Teve que amputar uma perna.

Tempos depois, nova complicação. Foi-se a outra perna.

Os familiares ficaram preocupados. Naquela situação constrangedora certamente ficaria *pra baixo*.

Viram logo que infundados eram seus temores.

Tão logo passou a anestesia e despertou, virou-se para o médico:

— Doutor, estou preocupado!

— Diga o que é. Estou aqui para ajudá-lo.

— Ah! Doutor, receio que nada poderá fazer.

— É tão grave assim?

— Muito! É que agora, sem as duas pernas, não sei em que pé ficou a situação!

Pessoas assim, dispostas a rir de si mesmas, da própria adversidade, jamais serão infelizes.

Jesus geralmente é apresentado com expressão compungida, torturada, sofredor nato.

Nada mais equivocado. O bom humor é uma característica do espírito superior. Os Evangelistas, sempre sucintos nas narrativas, não desciam aos detalhes, imprimindo a alguns episódios uma solenidade que certamente não existiu.

Certa feita (Lucas, 9:51-56), transitando pela Samaria, o grupo não encontrou ninguém disposto a oferecer pousada.

Imediatamente João e Tiago, chamados *irmãos boanerges*, filhos do trovão, por seu caráter impulsivo, perguntaram a Jesus se não poderiam evocar o fogo do céu, para queimar aqueles infiéis.

Que tipo de reação poderia ter Jesus, diante de tal disparate?

Certamente, deu boas risadas, antes de advertir, sorridente:

– Gente, que é isso! Vim para salvar os homens, não para queimá-los!

Noutra oportunidade (Mateus, 14:25-31), os discípulos atravessavam de barco, à noite, o Tiberíades. Em dado momento viram um vulto que se aproximava, deslizando sobre as águas.

Um fantasma!

Ficaram apavorados.

Logo viram que era Jesus. Certamente o Mestre sorriu, ante o medo dos companheiros.

Richard Simonetti · 143

Simão Pedro, afoitamente, dispôs-se a ir ao seu encontro.

– Vem, Simão.

E ele foi, deu alguns passos, vacilou e começou a afundar.

– Senhor, salva-me!.

Jesus deu-lhe a mão e o sustentou, rindo, sem dúvida.

– Ah! Homem de pouca fé!

***

O terceiro presente de amor: a boa vontade.

Trata-se da vontade de ser bom, o empenho por fazer algo em favor do próximo.

É fundamental! Segundo os anjos, que fizeram a proclamação celeste no nascimento de Jesus (Lucas, 2:14), somente com seu exercício haverá paz entre os homens.

Jesus foi a personificação da boa vontade, a começar pelo doloroso mergulho na carne.

Governador de nosso planeta, Espírito puro e perfeito, poderia guardar-se nas alturas, enviando um embaixador. No entanto, fez questão de comparecer pessoalmente, submetendo-se a imensos sacrifícios.

Após uma existência de dedicação ao Bem, pregado no madeiro da infâmia, cercado de impropérios, continuou a exercitar a boa vontade, pedindo a Deus que perdoasse a todos.

Não sabiam o que estavam fazendo.

Depois voltou, materializando-se diante do atônito colégio apostólico. Tinha muito a reclamar dos companheiros. Um deles o traíra, outro o negara três vezes, e todos haviam fugido no momento extremo, vergonhosamente.

Mas o Mestre não tocou no assunto. Limitou-se a saudá-los como nos dias venturosos do passado, convocando-os à gloriosa tarefa de disseminação de seus princípios.

Exercitou, como sempre, a boa vontade.

***

Conta autora cujo nome infelizmente desconheço, em notável crônica, que fizera compras às vésperas do Natal. Lojas entupidas, multidões esperando, impacientemente, pelos ônibus.

Trazia uma pilha de pacotes. O cansaço era tanto que começou a se perguntar se era razoável tamanho sacrifício para presentear amigos e familiares. Esse não era bem o espírito de Natal que desejava.

Finalmente, foi literalmente empurrada para dentro de um ônibus superlotado. A ideia de ficar ali como sardinha em lata era quase insuportável.

Em dado momento, viu um pretinho – não mais que sete anos, puxando a manga de uma senhora, a perguntar:

– Quer sentar?

Ele a levou até o assento vago mais próximo e permaneceu atento. Assim que um cobiçado lugar surgia, rapidamente se enfiava em meio àquela massa humana para atender outra passageira.

Finalmente, quando ela própria sentiu um puxão em sua manga, estava fascinada pelo menino. Com um sorriso que jamais esqueceria, disse:

– Venha comigo.

Mal teve tempo de agradecer. Ele afastou-se, rápido, dando sequência àquela incrível maratona de boa vontade, tanto mais surpreendente por partir de humilde criança.

Sua iniciativa causava admiração.

O ambiente pareceu iluminar-se.

Pessoas começaram a conversar, comentando a atuação do menino.

Ele havia realmente mudado alguma coisa.

Todos se sentiam envolvidos num sutil sentimento de aconchego.

O resto do percurso foi gratificante.

Não viu o menino descer. Quando olhou, não estava mais ali. Ao deixar o ônibus, ela se sentia, literalmente, pisando nas nuvens.

Desejou, sinceramente, um Feliz Natal ao motorista.

Pela primeira vez percebeu como as casas de sua rua estavam lindamente iluminadas e pensou em reunir os vizinhos para um chá antes do fim do ano.

Sentia-se de bem com o mundo, feliz com os presentes que comprara e com a alegria que eles proporcionariam.

De repente, o Natal deixou de ser uma estressante festa de consumo para adquirir seu verdadeiro sentido.

Mais uma vez era um menino que, com gestos de amor, reacendia o espírito natalino, exercitando a boa vontade.

***

Que sejam muito felizes seus Natais, amigo leitor.

Sempre plenos de bênçãos e também de reflexões em torno do bom ânimo, do bom humor e da boa vontade, três presentes que Jesus muito apreciará, oferecidos com amor.

Com nossas dádivas estaremos contribuindo pela edificação de um Mundo melhor.

Se o fizermos, certamente estaremos nele, desde agora!

O amor por malandragem

Quando adolescente, comparecendo às reuniões de estudo no Centro Espírita Amor e Caridade, em Bauru, ouvia os adultos comentarem a Lei de Causa e Efeito.

Diziam que passamos por determinados sofrimentos, dores, dificuldades, limitações e problemas para o resgate das dívidas de existências anteriores, quando nos comprometemos com o erro, o vício, o crime…

Alguns defendiam que se a pessoa está pagando dívidas deve entregar-se nas mãos de Deus e deixar as coisas fluírem sem reagir.

Tal ideia sempre me pareceu indigesta.

Levada às últimas consequências paralisaria a iniciativa, situando-nos na inércia,

Passando a escrever e falar sobre Espiritismo, com a obrigatoriedade de estudar a Doutrina, logo percebi que se trata de um equívoco.

Basta ler, por exemplo, o tópico *Provas Voluntárias,* em *O Evangelho segundo o Espiritismo,* mensagem assinada por *um Espírito protetor.*

Perguntais se é lícito ao homem abrandar suas próprias provas.

Essa questão equivale a esta outra:

É lícito, àquele que se afoga, cuidar de salvar-se?

Àquele em que um espinho entrou, retirá-lo?

Ao que está doente, chamar o médico?

As provas têm por fim exercitar a inteligência, tanto quanto a paciência e a resignação.

Pode dar-se que um homem nasça em posição penosa e difícil, precisamente para se ver obrigado a procurar meios de vencer as dificuldades.

O mérito consiste em sofrer, sem murmurar, as consequências dos males que lhe não seja possível evitar, em perseverar na luta, em não se desesperar, se não é bem-sucedido.

Nunca, porém, numa negligência que seria mais preguiça do que virtude.

Bem, amigo leitor, elementar na conceituação doutrinária que a Terra é um planeta de provas e expiações, habitada por gente *da pá virada*, Espíritos orientados pelo egoísmo, a negação do Amor, lei suprema de Deus.

Defeito de fabricação? Equívoco celeste?

Nada disso! É que, adolescentes espirituais, estamos perto da animalidade, de onde viemos, distanciados da angelitude, aonde deveremos chegar.

Somos, digamos, o diamante não lapidado.

O mal em nós é o Bem que ainda não chegou.

Há trevas, porque a luz ainda não se fez.

***

Dores, dificuldades e sofrimentos que enfrentamos atuam como lixas grossas a desbastarem nossas imperfeições mais grosseiras. Agitam-nos e nos depuram, estimulando a procura dos valores espirituais.

São, também, desafios a serem vencidos, favorecendo a evolução. Nascer numa favela, por exemplo, não é necessariamente um carma. Se fosse, todos seríamos favelados, em face de nossos comprometimentos pretéritos.

Não raro, o Espírito reencarna lá porque não tem outro lugar de portas abertas para o mergulho na carne.

E não está confinado. Poderá sair de lá, melhorar sua situação.

É difícil! – proclamará o pessimista.

Sim, mas longe de ser impossível. Depende de sua iniciativa, a disposição em enfrentar o desafio.

Nem todos o fazem. Há os que elegem a indolência, com o que perpetuam uma situação indesejável.

Outros fazem pior. Partem para o crime, comprometendo-se com a violência, a complicar o futuro.

Um corpo frágil, vulnerável a doenças, pode ser uma provação, mas superável se a pessoa cuidar bem dele, dentro das regras de bem-viver.

Vemos frequentemente relatos sobre crianças que nascem com graves problemas físicos, em limitações terríveis. Provação dolorosa. Não obstante, os pais buscam variados recursos da Medicina, batalham, empenham-se e conseguem dar-lhes uma condição mais confortável.

A reunião de desafetos do passado no lar, pais e filhos, marido e mulher, pode ser uma prova difícil. Nem por isso precisam viver às turras. O cultivo da compreensão, do respeito, da tolerância, do perdão, da mansuetude, sob orientação evangélica, favorecerá uma convivência saudável, sem conflitos.

***

A maior parte de nossos problemas funciona como cadinho purificador da alma.

São também desafios a favorecer o desenvolvimento de nossas potencialidades criadoras.

Sem eles tenderíamos a estacionar por largos períodos nos caminhos da evolução.

Algo semelhante ocorre com a própria subsistência.

Transitamos pela Terra usando uma máquina muito especial – o corpo físico – que deve ser abrigada, protegida, alimentada, medicada, sob a égide do instinto de conservação, que favorece a perpetuação das espécies.

Para tanto, temos que trabalhar, desenvolver esforços, partir para a luta.

Assim crescemos.

Isso está admiravelmente sintetizado no simbolismo bíblico.

Jeová, dirigindo-se a Adão (Gênesis, 3:19):

No suor do teu rosto comerás o teu pão, até que te tornes à terra; porque dela foste tomado; porquanto és pó e em pó te tornarás.

Abençoado suor!

Portanto, infeliz na Terra não é o que enfrenta atribulações, dificuldades, lutas, sofrimentos, próprios deste Mundo.

Infeliz é quem desistiu de lutar, sucumbindo ao peso de provações que poderiam fazê-lo crescer, se não elegesse a inércia.

***

Há as situações cármicas, insuperáveis, que se exprimem numa moléstia crônica, numa deficiência física ou mental incontornável, num problema insolúvel...

– Castigo divino! Dizem os mal informados.

Não sabem que Deus não castiga ninguém. Pai amoroso e justo, apenas nos corrige e educa.

A finalidade maior dessas situações é a disciplina de nosso comportamento.

A pessoa com grave problema congênito no fígado, sistema digestivo precário, não raro foi alcoólatra na vida anterior. Colhe as consequências do seu comprometimento no vício. E é contido para que não ocorra a reincidência na vida atual, já que o vício atinge o corpo espiritual e poderia perpetuar-se de vida em vida, sem a medida de contenção.

Aquele que tem limitações intelectuais que o situam à margem das grandes realizações no terreno da profissão e da sociedade, colhe as consequências de sua agressividade no passado, quando, como empresário, fez de sua atividade uma disputa de vida e morte, não titubeando em pisar sobre subalternos e esmagar concorrentes. E é contido em suas ambições, para os necessários ajustes.

A mulher de limitados dotes físicos e indefinível sensação de solidão, colhe as consequências dos abusos em vida anterior, quando, de beleza esfuziante, transviou seus admiradores. E é contida em sua vaidade e na tendência de usar a beleza como instrumento de sedução.

Em situações assim, a melhor atitude seria considerar, segundo o velho ditado, que *o que não pode ser remediado, remediado está.*

Se temos um espinho no pé que não pode ser retirado, é melhor não mexer, habituando-nos a conviver com ele, andando com cuidado para não complicar o problema.

Diga-se de passagem, a extensão e intensidade de nossos sofrimentos e angústias, diante de uma situação que não pode ser modificada, variam de pessoa para pessoa. Depende muito da postura de cada um.

Quando nos detemos sobre problemas, ruminando aflições, fatalmente somos infelizes.

Se não lhes dermos mórbida atenção, serão reduzidos a tal insignificância que jamais inviabilizarão a felicidade.

***

Nesse propósito, imperioso jamais negligenciar a prática do Bem.

Ensina o apóstolo Pedro, lembrando os ensinamentos de Jesus (1 Pedro, 4:8):

Mas, sobretudo, tende ardente amor uns para com os outros; porque o amor cobrirá a multidão de pecados.

Se queremos amenizar as dores da expiação ou vencer os desafios da provação, orientemos nossa vida no empenho de servir, buscando, em qualquer lugar, no lar, na rua, na profissão, na sociedade, conservar a capacidade de nos compadecermos, de nos sensibilizarmos com as dores alheias, fazendo algo em benefício do próximo, com o *ardente amor* recomendado pelo apóstolo.

Lembro a experiência daquela senhora que assumiu o compromisso de cuidar de uma velhinha, que morava no mesmo andar, num prédio de apartamentos. Sem filhos, sem familiares, não tinha ninguém.

Não obstante seus afazeres como dona de casa e professora, sempre encontrava tempo e disposição para cuidar da vizinha.

Fazia as compras do mercado, levava-a ao médico, comprava-lhe remédios, fazia-lhe companhia, lia para ela.

156 · Amor, Sempre Amor!

Assim foi durante vários anos, até o falecimento da velhinha.

E nos dizia a senhora:

– Não obstante a correria, nunca me senti tão feliz, tão integrada na vida, quanto naquele tempo em que cuidei de minha vizinha. Guardava a impressão de que Deus estava mais perto de mim.

Na verdade, ela estava mais perto de Deus.

Mãos estendidas no serviço do Bem são antenas que estendemos para a sintonia com as fontes da Vida, a captação das Bênçãos Divinas.

Sugiro um teste, amigo leitor.

Eleja amanhã como o seu dia do desafio de amor, exercitando bondade.

Desde o momento em que abrir os olhos, disponha-se a só pensar e praticar o bem.

Ajude nos afazeres domésticos.

Colabore com o colega de serviço sobrecarregado.

Atenda com solicitude ao necessitado que o procurar.

Releve eventuais destemperos de alguém no trato social.

Ore por enfermos e necessitados.

Contribua para obras filantrópicas.

Mantenha o sorriso nos lábios, favorecendo a comunicação.

Interrompa o correio das fofocas e maledicências com a bênção do silêncio.

Faça assim o dia inteiro.

À noite, quando colocar a cabeça no travesseiro, garanto-lhe que sentirá tão inefável bem-estar que desejará viver assim todos os dias, amenizando provações e expiações e habilitando-se a conservar a paz em todas as situações.

Como dizia um amigo, é tão bom ser bom que se o malandro soubesse disso exercitaria a bondade por malandragem.

O amor em teste

A inteligência é rica de méritos para o futuro, mas, sob a condição de ser bem empregada.

Se todos os homens que a possuem dela se servissem de conformidade com a vontade de Deus, fácil seria, para os Espíritos, a tarefa de fazer que a Humanidade avance.

Infelizmente, muitos a tornam instrumento de orgulho e de perdição contra si mesmos. O homem abusa da inteligência como de todas as suas outras faculdades e, no entanto, não lhe faltam ensinamentos que o advirtam de que uma poderosa mão pode retirar o que lhe concedeu.

Estas afirmativas, amigo leitor, estão na parte final de uma mensagem assinada por *Ferdinando,* Espírito protetor, recebida em Bordéus, em 1862. Consta do capítulo sétimo de *O Evangelho segundo o Espiritismo.*

Richard Simonetti · 159

Destaque para o exercício da inteligência, a capacidade de pensar e aprender, faculdade que nos permitiu descer das árvores e andar sobre dois pés, equilibrando a coluna dorsal.

Desenvolvendo-a adequadamente estaremos crescendo em conhecimento e sabedoria, habilitando-nos a decifrar os enigmas do Universo, rumo a gloriosa destinação.

Dentro de milhares ou milhões de anos seremos Espíritos puros e perfeitos, prepostos de Deus, habitantes dos *Mundos Divinos* a que se refere Kardec, onde impera o Amor, lei suprema do Universo.

Obviamente, tanto mais depressa chegaremos lá quanto maior o nosso empenho no sentido de superar fragilidades e imperfeições.

***

Há, como comenta Ferdinando, o entrave do orgulho, um dos sete pecados capitais, segundo os teólogos medievais, capaz de precipitar o homem em caldeirões infernais.

Filho dileto do egoísmo, o orgulho é esse sentimento bestificante que induz o indivíduo a julgar-se melhor do que outro por sua cor, condição econômica, classe social, brasões de família...

Nele sustentam-se os preconceitos, as discriminações, a intolerância, e loucuras que lhes são consequentes, sustentando litígios, lutas, guerras, sofrimento e morte entre coletividades

A história humana é marcada por lamentável suceder de conflitos gerados pela inteligência mal conduzida, sob a égide do orgulho, que leva uma coletividade a julgar-se no direito de agredir, dominar e espezinhar outra.

Não se sentem os homens como irmãos, filhos do mesmo pai de Amor e Misericórdia. Dividem-se em classes, grupos, religiões, raças, cores, nacionalidades, a se digladiarem, os mais fortes dominando e explorando os mais fracos.

***

Temos um exemplo típico dos problemas gerados pelo orgulho no lamentável conflito que há hoje no Iraque, entre sunitas e xiitas.

Tanto uns quanto outros são seguidores de Maomé (570-632), separados dentro da própria crença, não por questões doutrinárias, mas por, digamos assim, problemas sucessórios.

Quando Maomé morreu, o Islamismo dividiu-se nesses dois grupos.

Os xiitas concebem que os sucessores de Maomé devem estar ligados a ele por laços de consanguinidade.

Richard Simonetti · 161

Os sunitas pretendem que deve prevalecer a autoridade dos califas que sucederam Maomé.

Infelizmente, no Iraque as duas facções assumiram posturas beligerantes, passaram a guerrear entre si, ambas pretendendo a herança do legado do profeta para a formação de uma teocracia, um país governado por religiosos. E matam-se uns aos outros, variando apenas a metodologia.

Os sunitas, que constituem minoria no Iraque, usam carros ou homens-bomba que explodem ferindo e dizimando multidões.

Os xiitas, em maioria, adotam a prisão, a tortura e a eliminação sumária de seus opositores.

Adeptos de uma mesma religião, possuídos pela ideia de superioridade e de que sua facção deve dominar, empenham-se no extermínio recíproco.

No fundo, o velho orgulho, sustentando esses conflitos que estão destruindo o Iraque.

Os cristãos não têm feito melhor.

Católicos e protestantes mataram-se uns aos outros durante bom tempo, pretendendo a posse da verdade, orgulhosos de suas convicções religiosas, que deveriam prevalecer.

***

O orgulho não fecha apenas as portas ao entendimento na Terra.

Fecha também as portas de ingresso no Céu.

Quem o diz é Jesus, no Sermão da Montanha (Mateus, 5:3):

– Bem-aventurados os humildes, porque deles é o Reino dos Céus.

Sempre interessante, leitor amigo, para evitar pretensões inspiradas no orgulho, definir onde está o Céu.

Diz Jesus (Lucas, 17:21):

–... O Reino de Deus está dentro de vós.

Então o Céu, representação do Reino de Deus, é uma construção pessoal, que devemos realizar na intimidade de nosso universo interior.

Intimamente podemos nos sentir em estado de graça ou de desgraça.

No Céu ou no inferno!

Sensações conflitantes, sustentadas por sentimentos antagônicos:

O orgulho, a ilusão de superioridade diante do próximo.

A humildade, a consciência da própria pequenez diante de Deus.

O orgulhoso, quando alguém lhe cobra por alguma falha, proclama:

– Sabe com quem está falando?

O humilde, em idêntica situação, não experimenta constrangimento em pronunciar a palavra mágica, capaz de neutralizar sentimentos beligerantes sem sentir-se diminuído:

– Desculpe!

O trânsito do orgulho à humildade é um dos objetivos da jornada humana. Quando o alcançarmos iremos morar em mundos que desconhecem discriminações e preconceitos.

***

Na consulta médica, a primeira providência é a anamnese, uma avaliação do paciente pelos sintomas e informações relatados por ele.

Podemos efetuar, sumariamente, uma anamnese do orgulho, a partir de um questionário sucinto, com duas alternativas, uma positiva e outra negativa.

Vamos tentar, amigo leitor?

1 – A pessoa que você ama dá um mau passo, comete adultério. Depois se arrepende. Faz juras de amor, implora por nova chance.

Você:

a) Perdoa e trata de superar o problema.

b) Resiste às suas tentativas de reaproximação, contrariando os próprios sentimentos.

– Quero que um raio me fulmine antes de pensar em reconciliação!

2 – Acontece a reconciliação.

Você:

a) Nunca mais fala no assunto.

b) Está sempre lhe lembrando a traição e remoendo mágoas.

– Pensa que eu esqueci a humilhação que você me fez passar?!

3 – Numa reunião de serviço, na empresa onde trabalha, sua ideia é rejeitada pela maioria.

Você:

a) Considera normal e continua a reunião, tranquilo.

b) Sente-se desestimulado e se fecha no mutismo.

– Bando de incompetentes!

4 – Espírita convicto, seu filho vai casar-se com jovem católica. Ela faz questão do casamento religioso. Sonha entrar na igreja vestida de noiva, receber a bênção nupcial.

Você:

a) Não vê objeção e até aceita ser um dos padrinhos na cerimônia religiosa.

b) Fica extremamente contrariado. Nega-se a comparecer ou o faz de má vontade.

– Padrinho, jamais! Esqueça!

5 – Numa festa, algumas pessoas reunidas num canto estão rindo. Algumas olham em sua direção.

Você:

a) Imagina que estão contando algo engraçado.

b) Irrita-se, imaginando que fofocam a seu respeito.

– Cambada de maledicentes!

6 – No consultório médico, demoram a chamá-lo.

Você:

a) Considera normal, dentro da cultura brasileira, e distrai-se lendo uma revista.

b) Impacienta-se e logo questiona a atendente, exigindo presteza no atendimento, porquanto pagou para isso.

– É falta de respeito com os pacientes!

7 – No trânsito, um motorista irritado com uma fechada que você lhe deu, homenageia sua mãe, atribuindo-lhe aquela profissão pouco recomendável.

Você:

a) Segue tranquilo, considerando que certamente aquele motorista está com problemas. Ora por ele.

b) Responde no mesmo tom e até pensa em persegui-lo para tirar satisfações.

– Vou fazê-lo engolir suas ofensas!

8 – Surgem problemas financeiros. Um amigo, a quem solicita empréstimo, desculpa-se dizendo que também está em dificuldade.

Você:

a) Encara a recusa sem problema, considerando que a situação está brava para todos.

b) Fica ofendido com a alegação que lhe parece mentirosa e inspirada em falta de consideração. Esfria a amizade, alegando:

– É um falso! Amigo só nas aparências.

9 – Um conhecido não o cumprimenta ao cruzarem.

Você:

a) Considera normal. Não o viu ou estava distraído.

b) Fica ofendido.

– O palhaço julga que tem um rei na barriga!

10 – Um tropeção o joga ao solo de forma ridícula. As pessoas riem.

Você:

a) Ri, também, fazendo troça de si mesmo.

b) Irrita-se com a falta de consideração das pessoas, sentindo-se humilhado.

– Ignorantes. Desconhecem princípios mínimos de civilidade.

Se você, amigo leitor, em perfeito exame de consciência, marcou dez respostas na alternativa *a*, ótimo!

Está diplomado em humildade e preparado para o exercício do Amor.

Se houve um mínimo de sete, segue em bom caminho.

Se marcou menos que isso, está empacado.

Sugiro a leitura diária, com indispensável reflexão,

do texto assinado por Lacordaire, um dos mentores da Codificação, em manifestação de 1863, obtida em Constantina.

Está no capítulo VII, de *O Evangelho segundo o Espiritismo,* intitulado: *O orgulho e a humildade.*

Transcrevo pequeno trecho:

Na balança divina, são iguais todos os homens; só as virtudes os distinguem aos olhos de Deus.

São da mesma essência todos os Espíritos e formados de igual massa todos os corpos.

Em nada os modificam os vossos títulos e os vossos nomes.

Ele permanecerão no túmulo e de modo nenhum contribuirão para que gozeis da ventura dos eleitos. Estes, na caridade e na humildade é que têm seus títulos de nobreza.

Eu acrescentaria, estimado leitor, que com a caridade e a humildade estamos a caminho do amor legítimo que cura nossas dores e edifica nossas almas.

170 · Amor, Sempre Amor!

O amor que intercede

Diz Jesus (João, 4:34):

O meu alimento é fazer a vontade daquele que me enviou.

Naturalmente o Mestre reporta-se não ao alimento que sustenta o corpo, retirado da Terra.

Reporta-se ao alimento da alma. Este recebemos do Céu quando cumprimos a vontade de Deus. Não há nada melhor para uma *nutrição espiritual*, capaz de nos manter em paz, equilibrados e felizes em todas as situações.

No livro *Fonte Viva,* psicografia de Francisco Cândido Xavier, o Espírito Emmanuel enfatiza:

A *paz legítima resulta do equilíbrio entre nossos desejos e os propósitos do Senhor, na posição em que nos encontramos.*

Notável essa observação, amigo leitor, digna de reflexão.

Qual seria a vontade do Senhor?

Como cumprir seus propósitos?

É simples.

Está tudo explicadinho no Evangelho.

Estudando-o saberemos como fazer.

E se não quisermos perder tempo, cumprindo desde logo os desígnios divinos, é só observar a síntese oferecida por Jesus (Mateus, 7:12):

Tudo o que quiserdes que os homens vos façam, fazei-o assim também a eles...

Como tenho enfatizado ao longo destas páginas, colocando-nos sempre no lugar do próximo, buscando dar o que gostaríamos de receber, estaremos fazendo o que Deus espera de nós, no exercício do *amai-vos uns aos outros,* preconizado por Jesus.

O homem comum faz isso de vez em quando.

O verdadeiro cristão o faz o tempo todo, onde esteja, sempre nutrido espiritualmente, fortalecido pelo esforço do Bem.

***

Aquela senhora teve um tumor extraído da coluna, o que a deixou tetraplégica, presa ao leito, sem movimentos nos braços e pernas.

Nessa situação dolorosa e irreversível, o que seria ajustar seus desejos à vontade do Senhor?

E poderá ela fazer algo pelo próximo com semelhante limitação?

Sim, muito, de várias formas:

Orando por pessoas que enfrentam problemas, dificuldades, doenças...

Edificando visitantes com exemplos de serenidade e confiança em Deus.

Fará principalmente pelo próximo mais próximo, o grupo familiar, conservando o bom ânimo, sem queixas, sem neuroses, sem inconformação.

O paciente inquieto e revoltado gera indevidas aflições para os familiares, com justificado acréscimo de sofrimentos para si próprio.

Com seu comportamento ajustado à vontade de Deus, aquela senhora será feliz, mesmo em meio às suas limitações.

*** *

No capítulo XIII, de *O Evangelho segundo o Espiritismo,* após reportar-se aos labores de nobre mulher empenhada em atender pessoas pobres e carentes, no cumprimento dos Desígnios Divinos, comenta Allan Kardec:

...à noite, um concerto de bênçãos se eleva em seu favor ao Pai Celestial: católicos, judeus, protestantes, todos a bendizem.

Reporta-se a benefício inestimável que recebemos com a prática do Bem – o reconhecimento dos beneficiários.

Ao agradecer em oração, pedindo as bênçãos de Deus sobre nós, emitem vibrações harmoniosas que chegam como delicadas *flores espirituais* que nos embelezam e perfumam a existência.

Tivéssemos uma visão plena dessa realidade e haveríamos de dedicar nossos dias ao esforço do Bem para vivermos sempre nesse jardim de bênçãos.

***

Você dirá, estimado leitor, que raramente os beneficiários de nossas iniciativas demonstram gratidão e nem mesmo se lembram de evocar as benesses divinas sobre nós.

Acontece com gente da Terra; não com gente do Céu.

Todos temos no Mundo Espiritual amigos, familiares, entes queridos, que se preocupam com nossa sorte, que trabalham em nosso benefício.

Há, particularmente, o chamado anjo da guarda, um protetor ou mentor espiritual, segundo a terminologia espírita, ligado ao nosso coração, que nos acompanha, inspira e ajuda.

Imaginemos uma senhora viúva, mãe de quatro filhos pequenos, doente, impossibilitada de trabalhar.

Vê-se na contingência de pedir ajuda.

Bate à nossa porta.

Junto dela, preocupados, estão seu mentor espiritual e os mentores das crianças e familiares desencarnados, uma respeitável comitiva invisível.

Se estivermos na sintonia do egoísmo, que caracteriza o comportamento do homem comum, usaremos a velha desculpa:

– Tem nada não!

Em poucas palavras, três atentados: à gramática, à verdade e à solidariedade.

Se estivermos na sintonia do altruísmo, que caracteriza o cristão, captaremos o apelo do grupo desencarnado:

– Por misericórdia, atenda nossa tutelada! Ela precisa de ajuda! Não a deixe à míngua!

Onde estivermos sempre haverá gente necessitada de uma boa palavra, de uma ajuda, de uma iniciativa em seu benefício.

E sempre haverá Espíritos procurando nos estimular nesse sentido, ansiosos por contar com nossa ajuda.

Obviamente serão imensamente gratos ao nosso auxílio, e não deixarão passar o ensejo de compensar-nos quando deles necessitarmos.

Então, ao beneficiar alguém com minha iniciativa, estarei mobilizando gente que se disporá a beneficiar-me em minhas dificuldades.

Na sintonia do altruísmo, sempre dispostos a ajudar, teremos uma multidão de Espíritos agradecidos a ajudar-nos.

***

Dona Martina trabalhava numa instituição assistencial. Confeccionava roupas para crianças e ajudava nos serviços espirituais em reuniões mediúnicas e de aplicação de passes. Também servia na periferia, numa casa de sopa, diligente e atenciosa.

Inesperadamente foi acometida por um mal que a deixou debilitada, obrigando-a a afastar-se das atividades que tanto amava.

Na espiritualidade houve ampla mobilização. Dezenas de Espíritos procuraram a direção da instituição à qual estava vinculada no planejamento reencarnatório.

Dizia o representante do grupo:

– Viemos interceder em favor de dona Martina. Ela é muito importante no trabalho que faz. Tem beneficiado inúmeros familiares nossos em situação difícil.

O diretor explicou:

– Martina é excelente colaboradora, detém largos méritos. Não obstante guarda compromissos cármicos. Temos amenizado seus padecimentos, mas não podemos retirar a cruz de seus ombros.

– Reconhecemos esse imperativo, mas sabemos, também, que, conforme está no Evangelho, o amor cobre a multidão dos pecados. Martina tem amado muito o próximo. Somos todos devedores de seus préstimos.

E tanto insistiram os intercessores, que o assunto foi levado a esferas superiores, e veio do Alto a autorização para que fosse beneficiada.

Em breve retomava suas funções, desfrutando de abençoada moratória, saúde restabelecida, em face de seus méritos e da iniciativa de muita gente agradecida.

***

Se existe a intercessão além-túmulo, a interferência em favor de alguém, evidentemente também há no mundo físico. Podemos fazê-la por um familiar, um amigo, um necessitado.

A via intercessora é a oração, que, por sua vez funciona em dois sentidos: o horizontal e o vertical.

Horizontal:

Nossa oração vai atingir o destinatário como uma vibração boa, um bom pensamento, um fluido retemperador. Lembramos da pessoa, estabelecemos contato mental com ela e a beneficiamos.

Vertical:

Estende-se para o Infinito e vai *bater às portas* de organizações do Mundo Espiritual.

Ali, mentores competentes vão avaliar nosso pedido, em vários aspectos – o mérito e as necessidades daquele por quem oramos, e também o que chamaríamos de nosso *cacife espiritual*.

Na esfera física, quando queremos ajudar alguém, valem os nossos contatos, a nossa posição social, o nosso dinheiro, o nosso cargo político, com iniciativas que podem até não guardar compatibilidade com a justiça e a moralidade.

Mas, sob o ponto de vista espiritual, só funcionará o mérito.

Temos *cacife* para interceder?

178 · Amor, Sempre Amor!

Isso será avaliado justamente pelo nosso empenho em servir, em fazer algo pelo próximo.

Quem mais serve, quem mais se dedica, mais prestígio tem *lá em cima*, maior sua capacidade de interceder.

***

De qualquer ângulo que analisemos, vamos sempre constatar que a melhor iniciativa, a melhor postura, é a de ajustarmos nossos desejos aos imperativos divinos, como ensina Emmanuel.

E nos conscientizarmos de que a Vontade de Deus é de que nos amemos uns aos outros, alimentando-nos do Bem praticado, para que o Bem esteja sempre presente em nossas vidas, possibilitando-nos uma existência tranquila e feliz, em qualquer situação.

180 · Amor, Sempre Amor!

O amor de olhos abertos

Comenta Allan Kardec, em *O Evangelho segundo o Espiritismo*, capítulo XIII, item 4:

Nas grandes calamidades, a caridade se emociona e observam-se impulsos generosos, no sentido de reparar os desastres.

Mas, a par desses desastres gerais, há milhares de desastres particulares, que passam despercebidos: os dos que jazem sobre um catre sem se queixarem.

Esses infortúnios discretos e ocultos são os que a verdadeira generosidade sabe descobrir, sem esperar que peçam assistência.

Com a lucidez que o caracterizava, o Codificador aborda, em breves palavras, uma situação que se repete indefinidamente neste Mundo de Expiações e de Provas.

Tragédias envolvendo fenômenos naturais como tsunamis, tempestades, enchentes, terremotos, vulcões, que assolam determinadas regiões, chocam a opinião pública, comovem, despertam impulsos de generosidade, inspiram movimentos solidários em favor das vítimas, em fulgurações de Amor.

Não raro, é preciso interromper a coleta, ante uma arrecadação que extrapola as necessidades dos flagelados e a possibilidade de fazer chegar até eles os bens arrecadados.

Paradoxalmente, há nas cidades brasileiras tsunamis ocultos nas favelas, em casebres miseráveis feitos de caixotes, sem água encanada, sem esgoto, sem luz, à distância da mais elementar urbanização.

Ali padecem multidões de flagelados que carecem de alimentos, agasalhos, remédios...

Todos temos noção dessas tragédias urbanas. O problema é que conseguimos conviver com elas sem maiores constrangimentos.

Não percebemos, não reconhecemos, não assumimos que é preciso fazer algo em favor desses nossos irmãos.

182 · Amor, Sempre Amor!

Não eventualmente, mas permanentemente!

Não *de-vez-em-quando*, mas *de-vez-em-sempre*!

Não em alguns dias, mas diariamente.

Fazer até que não haja crianças a alimentar, doentes a socorrer, nus a vestir, carentes a socorrer.

Fazer até que a legítima solidariedade instale na Terra uma sociedade cristã, onde o *cada um por si e o resto que se dane* seja substituído pelo *um por todos e todos por um*.

***

Fala-se no meio espírita da promoção de nosso planeta a Mundo de Regeneração, onde o altruísmo prevaleça sobre o egoísmo, sob inspiração do Amor ensinado e exemplificado por Jesus.

Será ótimo!

O problema é que as pessoas esperam que isso aconteça por Decreto Divino, assim disposto:

Artigo primeiro: A miséria está banida da Terra.

Artigo segundo: Vivam os homens como irmãos.

Não compreendem que é preciso que vivamos como irmãos para que a miséria seja banida da Terra.

Imperioso que abramos espaço em nossa agenda, registrando o *compromisso diário* de nos preocuparmos com o próximo, em especial os marginalizados pela pobreza, participando ativamente de obras sociais, filantrópicas e religiosas que trabalham sob a bandeira da caridade.

***

Noutro dia, num seminário, questionaram-me se esse empenho de atender aos carentes e erradicar a miséria não seria responsabilidade do governo.

Sem dúvida!

Ocorre que o governo não tem recursos suficientes, gente suficiente, vontade política suficiente…

E a fome não pode esperar por decretos, assim como o acidentado não pode esperar pela ambulância que não chega.

Imperioso agir desde já, considerando, conforme o ensinamento de Jesus, que é preciso fazer pelo próximo o que desejaríamos receber dele.

Ocioso enunciar o que gostaríamos de receber se estivéssemos famintos, maltrapilhos, desabrigados, doentes…

Nunca será demais lembrar, ainda com Jesus, que a cada um será dado de conformidade com suas obras.

E não será a nossa tristeza, ou a nossa depressão, ou a nossa angústia, ou o nosso desajuste, algo que merecemos porque desde sempre estivemos longe das lides da legítima solidariedade, aquela que não se cansa nem descansa, sempre atenta às necessidades do próximo?

***

Consideremos não apenas as carências materiais, mas também as espirituais.

Em todos os setores de nossa atividade, seja no lar, na rua, no local de trabalho, na vida social, no núcleo religioso, há pessoas que precisam de uma boa palavra, de um gesto de amizade, de uma demonstração de solidariedade.

Jesus falava dos que têm *olhos de ver* e *ouvidos de ouvir*.

Essas expressões, aparentemente redundantes, enfatizam que nem todos veem e nem todos ouvem o que vai além dos sentidos.

Seria o *ver* e *ouvir* a alma humana em seus sofrimentos e necessidades.

A esse propósito há uma poesia ilustrativa de Raimundo Correia, *Mal Secreto*:

Se a cólera que espuma, a dor que mora
N'alma e destrói cada ilusão que nasce,
Tudo o que punge, tudo o que devora
O coração, no rosto se estampasse;

Se se pudesse o espírito que chora
Ver através da máscara da face,
Quanta gente, talvez, que inveja agora
Nos causa, então piedade nos causasse!

Quanta gente que, talvez, consigo
Guarda um atroz, recôndito inimigo,
Como invisível chaga cancerosa!

Quanta gente que ri, talvez existe,
Cuja ventura única consiste
Em parecer aos outros venturosa.

Perfeito!

É preciso prestar atenção.

Aprender a *ver* a dor do próximo e algo fazer por minorá-la.

É assim que exercitamos o Evangelho!

É assim que nos habilitamos à sintonia com as fontes da Vida!

***

Podemos evocar, amigo leitor, alguns exemplos marcantes.

Diante da morte.

O marido falecera num acidente.

A viúva dera testemunho de sua fé no velório, mostrando-se resignada e contida, embora, intimamente, sentisse seu mundo desabar.

Uma amiga a abraçou.

– Não há nada que possa amenizar sua dor. Sei quem foi seu marido e o que ele representava para você, luz em seu caminho. Tudo o que posso lhe oferecer, minha querida, é a minha solidariedade. Vim chorar com você.

E chorou com a amiga e esteve com ela todos os dias, e oraram juntas até que os valores da solidariedade e da fé estancaram a fonte das lágrimas, para que ela retomasse sua vida, em suspenso desde a morte do amado.

***

Problemas no lar.

Um homem comentava com o amigo que sua esposa parecia muito nervosa.

Ele concordou.

– É verdade. Minha cara-metade anda irritada, soltando os cachorros...

– Algum problema?

– Não é nada. Está em TPM.

– Tensão pré-menstrual?

– Não, *teste de paciência para o marido*.

– Está sendo aprovado?

– Sem problema. É só *passar zíper na boca*; dizer *sim, querida*, e orar.

Um problema que afeta muitas mulheres, encarado de forma filosófica e bem-humorada pelo marido, o que lhe permitia manter a serenidade, mesmo que ela a tivesse perdido, ajudando-a a reencontrá-la.

***

No trânsito.

Dona Maria Aparecida, ou Cidinha para os amigos e familiares, levava no automóvel um bolo para uma festa de confraternização no Centro Espírita que frequentava. Dirigia devagar, com cuidado, evitando solavancos e paradas bruscas.

Em dado momento, num trecho que não permitia ultrapassagens, uma motorista apressada buzinava insistente.

Pelo retrovisor, dona Cidinha observou sua gesticulação impaciente, exigindo espaço para ultrapassar.

Quando finalmente foi possível, a motorista emparelhou, abriu o vidro de seu carro e gritou:

– Aí dona Maria! Por que não vai lavar roupa, evitando atrapalhar o trânsito?!

Dona Cidinha, que estava em *maré boa,* com olhos de ver a alma alheia, considerou com seus botões:

– Motorista educada! Até disse meu nome.

E tratou de exercitar a solidariedade, orando por ela, pedindo aos bons Espíritos que a acalmassem, a fim de que não se envolvesse em confusões no trânsito.

No dia seguinte, dona Cidinha foi à casa de sua filha. Ficaria com os netos, liberando-a para uma consulta médica. Dirigia apressada, porquanto se atrasara.

Em dado momento, foi retardada por um motorista que seguia lento à sua frente.

Impaciente, dispôs-se a usar a impertinente buzina, quando lembrou-se do ocorrido no dia anterior, acalmando-se ao considerar:

– E se esse motorista estiver levando um bolo?

***

Na escola.

Aconteceu. Em plena sala de aula o menino de nove anos viu formar-se pequena poça debaixo de sua carteira, enquanto sua calça ficava molhada com o xixi incontrolado.

Um *mico* irreparável.

Os meninos iriam rir dele pelo resto da vida.

Nunca mais as meninas falariam com ele.

Seu coração parecia querer sair-lhe pela boca, tal o seu nervosismo.

A professora vinha em sua direção. Certamente vira o que acontecera.

Desejou com todas as forças de sua alma que o chão se abrisse debaixo de seus pés e ele sumisse.

No auge do desespero, viu uma menina, Susie, que surgiu inesperadamente, carregando um aquário cheio d'água que ficava num canto da sala.

Aparentemente descuidada, tropeçou na professora e despejou a água no colo do menino.

Ele fingiu irritação, mas estava mesmo aliviado.

Ao invés de objeto de ridículo, os colegas se compadeciam dele, sem perceber o que tinha acontecido.

A professora providenciou-lhe camisa e short, enquanto sua roupa secava.

Ao final do dia, quando esperavam o ônibus escolar, o menino caminhou até Susie e sussurrou:

– Você fez aquilo de propósito, não foi?

Ela respondeu sorrindo:

– Sim, eu também fiz xixi na calça uma vez!

***

Em qualquer lugar, em qualquer situação, em qualquer horário, sempre há algo que podemos fazer em benefício do próximo.

190 · Amor, Sempre Amor!

Há anos mantenho contato com pessoas que procuram o Centro Espírita Amor e Caridade, em Bauru, em busca de cura para seus males, solução para seus problemas, alento para suas vidas...

Participam, não raro, de cursos de Espiritismo e Mediunidade.

Noto, invariavelmente, que as que se saíram melhor, superando suas angústias e habilitando-se à felicidade, foram as que aprenderam a lição fundamental: felicidade é sinônimo de servir.

É a disposição de manter *olhos* e *ouvidos* atentos ante as carências alheias, identificando com a lucidez da solidariedade os tsunamis ocultos que assolam a alma humana, sem jamais deixar passar a oportunidade de algo fazer em seu benefício.

192 · Amor, Sempre Amor!

O amor sempre

O português João de Brito, ou São João de Brito (1647-1693), venerável vulto do Cristianismo, seguiu os caminhos de Paulo de Tarso. Foi grande divulgador da mensagem cristã na Ásia. Converteu multidões com sua bondade e dedicação aos valores do Evangelho.

Morreu decapitado na cidade de Urgur, na Índia, onde pregava o Evangelho. Quando lhe comunicaram a execução alegrou-se, porque iria morrer a serviço de Jesus. Expirou tranquilamente, rendendo graças a Deus pela honra de testemunhar sua crença.

É consagrado como o patrono dos pioneiros, aqueles que desbravam horizontes, que enfrentam o desconhecido em favor do progresso humano.

No livro *Falando à Terra,* psicografia de Francisco Cândido Xavier, edição FEB, há uma mensagem dele que transcrevo, surpreendente e notável dissertação a respeito do Amor:

O Amor, sublime impulso de Deus, é a energia que move os mundos.

Tudo cria, tudo transforma, tudo eleva.

Palpita em todas as criaturas.

Alimenta todas as ações.

O ódio é o Amor que se envenena.

A paixão é Amor que se incendeia.

O egoísmo é o Amor que se concentra em si mesmo.

O ciúme é o Amor que se dilacera.

A revolta é o Amor que se transvia.

O orgulho é o Amor que enlouquece.

A discórdia é o Amor que divide.

A vaidade é o Amor que se ilude.

A avareza é o Amor que se encarcera.

O vício é o Amor que se embrutece.

A crueldade é o Amor que tiraniza.

O fanatismo é o Amor que petrifica.

A fraternidade é o Amor que se expande.

A bondade é o Amor que se desenvolve.

O carinho é o Amor que floresce.

A dedicação é o Amor que se estende.

O trabalho digno é o Amor que se aprimora.

A experiência é o Amor que amadurece.

A renúncia é o Amor que se ilumina.

O sacrifício é o Amor que se santifica.

O Amor é o clima do Universo.

É a religião da vida, a base do estímulo e a força da Criação.

Ao seu influxo, as vidas se agrupam, sublimando-se para a imortalidade.

Nesse ou naquele recanto isolado, quando se lhe retire a influência, reina sempre o caos.

Com ele, tudo se aclara.

Longe dele, a sombra se coagula e prevalece.

Em suma, o Bem é o Amor que se desdobra, em busca da Perfeição no infinito, segundo os Propósitos Divinos.

E o mal é, simplesmente, o Amor fora da Lei.

***

Imaginemos o Amor como sendo a eletricidade do Universo, a mover os mundos e sustentar os seres.

Podemos usá-la para o Bem ou para o mal, dependendo de como a transformamos, moldando-a, de conformidade com nossas tendências e impulsos.

Se a represamos ou mal utilizamos, comprometemos nossa estabilidade e nos habilitamos a dolorosas experiências, como uma casa onde um curto-circuito na instalação elétrica provoca incêndio devastador.

É de se ver se nossos males, nossas angústias, não serão a mera consequência do Amor transviado.

***

Quando analisamos esse maravilhoso texto, entendemos por que Jesus, no desdobramento de seu apostolado, nos seus sacrifícios, na sua renúncia, nos seus exemplos, exaltou o Amor.

Por Amor deixou as regiões celestes e mergulhou na matéria densa.

Por Amor, podendo nascer em palácio, preferiu uma estrebaria, a fim de estar mais perto dos sofredores de todos os matizes.

Por Amor curou multidões de males do corpo e da alma.

Por Amor ensinou e reiterou, incansavelmente, suas lições, mostrando os caminhos para Deus.

Por Amor compadeceu-se dos pecadores de todos os matizes, ensinando que ninguém tem o direito de atirar a primeira pedra, porque não há ninguém sem pecado na Terra.

Por Amor relevou as vacilações dos próprios discípulos e não deixou de ampará-los, mesmo depois de abandonado por eles.

Por Amor, na cruz, cercado pela multidão inconsequente que o agredia com impropérios, pediu a Deus que a todos perdoasse, porquanto não sabiam o que estavam fazendo.

Por isso o mentor espiritual que assistia Kardec, na preparação de *O Livro dos Espíritos,* proclama, na questão 625, que Jesus é a maior figura da Humanidade.

***

Em *O Evangelho segundo o Espiritismo,* capítulo VI, diz o Espírito de Verdade:

Espíritas, amai-vos, este o primeiro mandamento. Instruí-vos, este o segundo.

Espíritos superiores, como João de Brito, já conquistaram o Amor em plenitude. A capacidade de canalizá-lo para o Bem lhes é inata. Nós outros, iniciantes no assunto, lidamos muito mal com ele e acabamos nos comprometendo.

Daí a necessidade de buscar instrução. É com o conhecimento que iremos aprendendo a canalizar a energia do Amor para as realizações mais nobres, sem desvios.

O texto de João de Brito brilharia em qualquer manual de bem viver.

Destaque especial para a afirmativa:

A fraternidade é o Amor que se expande.

Diríamos o Amor que contagia, que sensibiliza, que transforma, que converte.

Uma das experiências humanas mais belas e comoventes que tive a felicidade de ver, na televisão, estava vinculada a uma mensagem institucional sobre a fraternidade.

Trata-se da história de um adolescente rebelde que passou por várias organizações correcionais, sempre dando muito trabalho.

Uma senhora dispôs-se a acolhê-lo em seu lar, oferecendo-lhe a oportunidade de uma vida nova, decente e digna.

Um dia ele aprontou. Abriu todas as torneiras da casa quando ela se ausentou, provocando pequena inundação.

Extravasava, irracionalmente, as perturbações que o desorientavam, sem sequer cogitar de que seria remetido de volta a uma daquelas instituições que odiava.

198 · Amor, Sempre Amor!

Para sua surpresa, ao tomar conhecimento dos estragos produzidos, a senhora apenas o abraçou com carinho, dizendo:

– Ah! Meu filho, quanto mal lhe fizeram!

A partir dali ele foi outra pessoa. Hoje é conceituado professor que cuida de adolescentes rebeldes, empregando o mesmo recurso que a senhora usou com ele – o abençoado Amor que se expande na fraternidade, capaz de compreender e ajudar.

Há muito a aprender, habilitando-nos a jamais represar ou mal utilizar a energia divina nos desvios do egoísmo.

Canalizando-a no empenho do Bem, acenderemos luzes ao nosso redor, a iluminar as pessoas e a nós mesmos, realizando-nos como filhos verdadeiros de Deus.

Enquanto não o fizermos, estaremos descumprindo a vontade de Deus e nos candidatando a incursões pelos domínios do desatino, do vício, da irresponsabilidade, nos desvios do mal, o Amor fora da lei, como diz sabiamente João de Brito.

200 · Amor, Sempre Amor!

BIBLIOGRAFIA DO AUTOR

01 – PARA VIVER A GRANDE MENSAGEM   1969
Crônicas e histórias.
Ênfase para o tema Mediunidade.
Editora: FEB

02 – TEMAS DE HOJE, PROBLEMAS DE SEMPRE   1973
Assuntos de atualidade.
Editora: Correio Fraterno do ABC

03 – A VOZ DO MONTE   1980
Comentários sobre "O Sermão da Montanha".
Editora: FEB

04 – ATRAVESSANDO A RUA   1985
Histórias.
Editora: IDE

05 – EM BUSCA DO HOMEM NOVO   1986
Parceria com Sérgio Lourenço
e Therezinha Oliveira.
Comentários evangélicos e temas de atualidade.
Editora: EME

06 – ENDEREÇO CERTO   1987
Histórias.
Editora: IDE

07 – QUEM TEM MEDO DA MORTE?   1987
Noções sobre a morte e a vida espiritual.
Editora: CEAC

08 – A CONSTITUIÇÃO DIVINA   1988
Comentários em torno de "As Leis Morais",
3ª parte de O Livro dos Espíritos.
Editora: CEAC

09 – UMA RAZÃO PARA VIVER   1989
Iniciação espírita.
Editora: CEAC

10 – UM JEITO DE SER FELIZ   1990
Comentários em torno de
"Esperanças e Consolações",
4ª parte de O Livro dos Espíritos.
Editora: CEAC

11 – ENCONTROS E DESENCONTROS   1991
Histórias.
Editora: CEAC

12 – QUEM TEM MEDO DOS ESPÍRITOS?   1992
Comentários em torno de "Do Mundo Espírita e
dos Espíritos", 2ª parte de O Livro dos Espíritos.
Editora: CEAC

13 – A FORÇA DAS IDEIAS   1993
Pinga-fogo literário sobre temas de atualidade.
Editora: O Clarim

14 – QUEM TEM MEDO DA OBSESSÃO?   1993
Estudo sobre influências espirituais.
Editora: CEAC

15 – VIVER EM PLENITUDE   1994
Comentários em torno de "Do Mundo Espírita e
dos Espíritos", 2ª parte de O Livro dos Espíritos.
Sequência de Quem Tem Medo dos Espíritos?
Editora: CEAC

16 – VENCENDO A MORTE E A OBSESSÃO   1994
Composto a partir dos textos de Quem Tem Medo
da Morte? *e* Quem Tem Medo da Obsessão?
Editora: Pensamento

17 – TEMPO DE DESPERTAR 1995
Dissertações e histórias sobre temas de atualidade.
Editora: FEESP

18 – NÃO PISE NA BOLA 1995
Bate-papo com jovens.
Editora: O Clarim

19 – A PRESENÇA DE DEUS 1995
Comentários em torno de "Das Causas Primárias",
1ª parte de O Livro dos Espíritos.
Editora: CEAC

20 – FUGINDO DA PRISÃO 1996
Roteiro para a liberdade interior.
Editora: CEAC

21 – O VASO DE PORCELANA 1996
Romance sobre problemas existenciais, envolvendo
família, namoro, casamento, obsessão, paixões...
Editora: CEAC

22 – O CÉU AO NOSSO ALCANCE 1997
Histórias sobre "O Sermão da Montanha".
Editora: CEAC

23 – PAZ NA TERRA 1997
Vida de Jesus – nascimento ao início do apostolado.
Editora: CEAC

24 – ESPIRITISMO, UMA NOVA ERA 1998
Iniciação Espírita.
Editora: FEB

25 – O DESTINO EM SUAS MÃOS 1998
Histórias e dissertações sobre temas de atualidade.
Editora: CEAC

26 – LEVANTA-TE!   1999
Vida de Jesus – primeiro ano de apostolado.
Editora: CEAC

27 – LUZES NO CAMINHO   1999
Histórias da História, à luz do Espiritismo.
Editora: CEAC

28 – TUA FÉ TE SALVOU!   2000
Vida de Jesus – segundo ano de apostolado.
Editora: CEAC

29 – REENCARNAÇÃO – TUDO O QUE VOCÊ   2000
PRECISA SABER
Perguntas e respostas sobre a reencarnação.
Editora: CEAC

30 – NÃO PEQUES MAIS!   2001
Vida de Jesus – terceiro ano de apostolado.
Editora: CEAC

31 – PARA RIR E REFLETIR   2001
Histórias bem-humoradas, analisadas à luz da
Doutrina Espírita.
Editora: CEAC

32 – SETENTA VEZES SETE   2002
Vida de Jesus – últimos tempos de apostolado.
Editora: CEAC

33 – MEDIUNIDADE, TUDO O QUE   2002
VOCÊ PRECISA SABER
Perguntas e respostas sobre mediunidade.
Editora: CEAC

34 – ANTES QUE O GALO CANTE   2003
Vida de Jesus – o Drama do Calvário.
Editora: CEAC

35 – ABAIXO A DEPRESSÃO!   2003
Profilaxia dos estados depressivos.
Editora: CEAC

36 – HISTÓRIAS QUE TRAZEM FELICIDADE   2004
Parábolas evangélicas, à luz do Espiritismo.
Editora: CEAC

37 – ESPIRITISMO, TUDO O QUE   2004
VOCÊ PRECISA SABER
Perguntas e respostas sobre a Doutrina Espírita.
Editora: CEAC

38 – MAIS HISTÓRIAS QUE TRAZEM FELICIDADE   2005
Parábolas evangélicas, à luz do Espiritismo.
Editora: CEAC

39 – RINDO E REFLETINDO COM CHICO XAVIER   2005
Reflexões em torno de frases e episódios
bem-humorados do grande médium.
Editora: CEAC

40 – SUICÍDIO, TUDO O QUE VOCÊ PRECISA SABER   2006
Noções da Doutrina Espírita sobre a problemática
do suicídio.
Editora: CEAC

41 – RINDO E REFLETINDO COM CHICO XAVIER   2006
Volume II
Reflexões em torno de frases e episódios
bem-humorados do grande médium.
Editora: CEAC

42 – TRINTA SEGUNDOS   2007
Temas de atualidade em breves diálogos.
Editora: CEAC

43 – RINDO E REFLETINDO COM A HISTÓRIA   2007
Reflexões em torno da personalidade de figuras
ilustres e acontecimentos importantes da História.
Editora: CEAC

44 – O CLAMOR DAS ALMAS   2007
Histórias e dissertações doutrinárias.
Editora: CEAC

45 – MUDANÇA DE RUMO   2008
Romance.
Editora: CEAC

46 – DÚVIDAS E IMPERTINÊNCIAS   2009
Perguntas e respostas.
Editora: CEAC

47 – BEM-AVENTURADOS OS AFLITOS   2009
Comentários sobre o capítulo V
de O Evangelho segundo o Espiritismo.
Editora: CEAC

48 – POR UMA VIDA MELHOR   2010
Regras de bem viver e orientação
aos Centros Espíritas.
Editora: CEAC

49 – AMOR, SEMPRE AMOR! !   2010
Variações sobre o amor, a partir de *O Evangelho*
segundo o Espiritismo.
Editora: CEAC

Leia também!

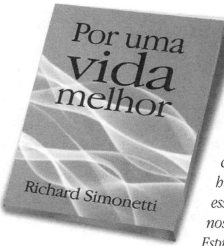

Para quem deseja uma existência melhor, indispensável buscar a melhor parte da existência. Nestas páginas o autor oferece, com clareza, objetividade e bom humor, os caminhos para essa procura, passando por nossa integração no Centro Espírita, esse hospital para os males da Terra, essa escola de iniciação para os valores do Céu, essa oficina de trabalho para conquista dos valores espirituais, esse templo sagrado de comunhão com Deus. De permeio, o dirigente espírita encontrará aqui valiosas sugestões para aprimorar e dinamizar o trabalho sob sua responsabilidade.